Hilke Holena

KRÄUTERHEILKUNDE FÜR PFERDE

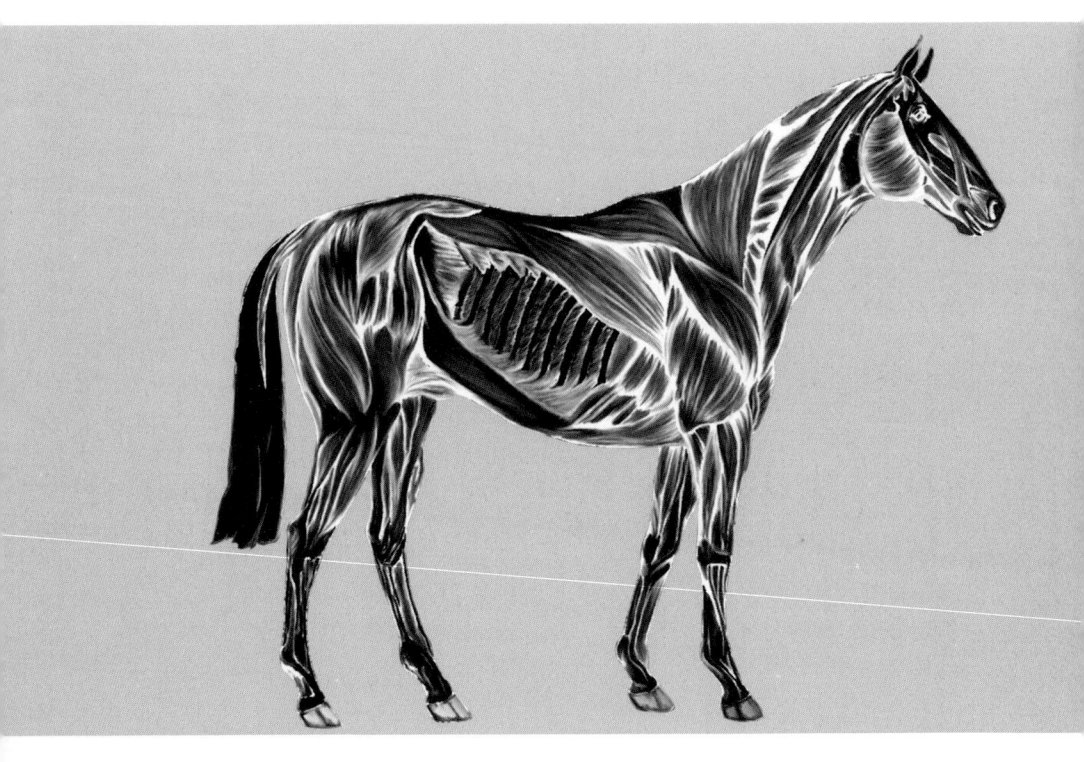

Hilke Holena

KRÄUTER-HEILKUNDE FÜR PFERDE

Die Deutsche Bibliothek –
CIP-Einheitsaufnahme

Holena, Hilke

Kräuterheilkunde für Pferde / Hilke Holena.-
München ; Wien ; Zürich : BLV, 1997
   ISBN 3-405-15130-9

Umschlagfotos: Kirstin Timm, Philip Dowell
Umschlaggestaltung: Werbeagentur
Sander & Krause

Grafiken: Daniela Farnhammer

Layout und Herstellung: Manfred Sinicki

Meinem Mann und Mitarbeiter, meinen Kindern und allen Pferden

BLV Verlagsgesellschaft mbH
München Wien Zürich
80797 München

© 1997 BLV Verlagsgesellschaft mbH,
München

Das Werk einschließlich aller seiner Teile ist urheberrechtlich geschützt. Jede Verwertung außerhalb der engen Grenzen des Urheberrechtsgesetzes ist ohne Zustimmung des Verlages unzulässig und strafbar. Das gilt insbesondere für Vervielfältigungen, Übersetzungen, Mikroverfilmungen und die Einspeicherung und Verarbeitung in elektronischen Systemen.

Satz: Satz & Layout Peter Fruth

Gesamtherstellung: Auer, Donauwörth

Gedruckt auf chlorfrei gebleichtem Papier

Printed in Germany · ISBN 3-405-15130-9

Bildnachweis

Apel S. 80
Bocksch S. 82, 86, 90
Brandt S. 151,152,153
Eisenbeiss S. 82, 91
Eisl S. 78, 84 ,88
Escher S. 92, 155
Laux S. 87
Pforr S. 79, 80, 83, 87, 89, 90
Pott S. 85
Pretscher S. 84
Reinhard S. 81, 86
Schrempp S. 88, 89, 90
Seidl S, 81, 82, 85
Sinicki S. 77, 151
Sulzberger S. 87, 88
Wolfstetter S. 79, 91
Wothe S. 78, 79, 86

Inhaltsverzeichnis

Zum Geleit ──── 7

8 Krankheitsbilder und Heilpflanzentherapie

Die Haut ──── 9
Erkrankung der Haut 9
Allergie 10
Sommerekzem 11
Mauke 20
Insektenstiche 25
Haarlinge und Läuse 29
Hautpilze 33
Haarausfall 36
Warzen 38
Kleine Wundversorgung 39
Satteldruck 44

Der Bewegungsapparat ──── 47
Muskeln, Sehnen 47
Übermüdung von Sehnen 48
Sehnenscheidenentzündung 50
Muskelverletzungen 54

Gelenke ──── 57
Arthrose 57

Atmungsorgane ──── 59
Erkrankungen der Atemwege 59
Husten 61

Verdauungsorgane ──── 66
Darmkatarrh 68

74 Heilpflanzen

Ein Wort zuvor ──── 75
Kräutermischungen 75
Kräuterwiese 77
Ernten von Heilpflanzen 77
Das Trocknen 78
Eigener Anbau 78
Homöopathische Arznei und Bachblüten 78
Ackerschachtelhalm 79
Anis 80

81 Bildteil Heilpflanzen

Arnika 98
Augentrost 99
Bärlapp 100
Basilikum 101
Beinwell 102
Birke 103
Große und Kleine Brennessel 105
Brombeere 106
Kegelblume *(Echinacea)* 107
Eiche, Stieleiche 108
Fenchel 109
Gewöhnlicher Frauenmantel 111
Gänseblümchen 112
Hirtentäschelkraut 113
Huflattich 115
Isländisch Moos 116

Echtes Johanniskraut 117
Echte Kamille 119
Große Klette 120
Knoblauch 121
Gewöhnlicher Löwenzahn 123
Wilde Malve 124
Melisse 126
Nadelhölzer
– Fichte 127
– Weiß-Tanne 128
– Gemeine Kiefer 129
Petersilie 130
Pfefferminze 131
Gewöhnliche Quecke 133
Ringelblume 134

Salbei 135
Schafgarbe 137
Spitz- und Breitwegerich 138
Wildes Stiefmütterchen 140
Süßholz 141
Echter Thymian 143
Echte Walnuß 144
Zubereitungsformen 145
Giftpflanzen 147

Häufig verbreitete Heil- und Futterpflanzen ———— **151**

Bezugsquellen ———— **156**

Literaturverzeichnis ———— **158**

Inhalt Bildteil Heilpflanzen

Ackerschachtelhalm 82
Arnika 82
Augentrost 83
Bärlapp 83
Basilikum 83
Beinwell 84
Birke 84
Bockshornklee 84
Große und Kleine Brennessel 85
Brombeere 85
Eiche, Stieleiche 86
Fenchel 86
Gänseblümchen 86
Gewöhnlicher Frauenmantel 87
Hirtentäuschelkraut 87
Huflattich 87
Isländisch Moos 88
Echtes Johanniskraut 88
Echte Kamille 89

Große Klette 89
Knoblauch 90
Großblütige Königskerze 90
Gewöhnlicher Löhwenzahn 90
Echtes Lungenkraut 91
Melisse 91
Petersilie 91
Pfefferminze 92
Gewöhnliche Quecke 92
Ringelblume 92
Salbei 93
Gewöhnliche Schafgarbe 93
Spitz-Wegerich 93
Echtes Tausendgüldenkraut 94
Echter Thymian 94
Gewöhnlicher Wacholder 94
Wildes Stiefmütterchen 95
Wilde Malve 95
Echte Walnuß 95

Zum Geleit

Alle Geheimnisse liegen in vollkommener Offenheit vor uns. Nur wir stufen uns gegen sie ab, vom Stein bis zum Seher. Es gibt kein Geheimnis an sich, es gibt nur Uneingeweihte aller Grade.

Christian Morgenstern

Die Pflanzenheilkunde kann auf sehr altes Wissen zurückgreifen; hier liegt die Wurzel aller Arzneitherapie. Heute ist viel von diesem Wissen verschüttet. Die Phytotherapie ist in der wissenschaftlichen Medizin beinah nur noch als »Außenseiter-Methode« angesehen, nicht zuletzt, da sich nur wenige der Mühe unterziehen, seit Jahrhunderten bewährte Erfahrungsheilkunde mit aufwendigen, modernen Verfahren neu zu untersuchen. Es ist der Verdienst von Hilke Holena, daß sie manches verschollene Arzneiwissen aufgespürt hat, damit es unseren Pferden wieder nützlich wird.

Der Leser dieses Buches befindet sich vielleicht auf der Suche nach einer Behandlungsmöglichkeit für sein seit langem nicht mehr gesundes Pferd. Oft ist man überrascht, was vermeintlich »milde« Therapieformen zu leisten vermögen. – Die Pflanzenheilkunde kann eine dieser Therapieformen sein.

Die Herstellung und der Gebrauch pflanzlicher Heilmittel ist dem gut unterrichteten medizinischen Laien durchaus möglich. Erforderlich ist neben einer genauen Beobachtung des erkrankten Pferdes ebenso ein kundiger Umgang mit der Natur der Heilpflanzen.

Diese Pflanzen kennenzulernen, womöglich wachsen zu sehen und selbst zu ernten, führt gewiß zu einem bereicherten Verständnis des Lebendigen. Selbstverständlich soll man eingedenk bleiben, daß Phytotherapeutika nicht schon deshalb Wunder wirken, weil sie direkt aus der Natur stammen – niemals hätten sonst andere Medikamente entwickelt werden müssen. Vor allem steht vor jeder Therapie die Diagnose, die man oft dem Arzte überlassen muß, da bisweilen ähnlich erscheinende Krankheitsbilder ganz und gar unterschiedliche und auch unterschiedlich ernste Ursachen haben.

Dieses Buch ist kein Lehrbuch, zur Freude vermutlich der meisten Leser, wohl aber ein alter und neuer Erfahrung gut begründeter Ratgeber – ebenso wie es die Kräuterbücher der alten Zeit waren. Möge es Pferd und Reiter hilfreich sein!

Rellingen, im August 1996

Dr. med. vet. Götz M. Dreismann
Lehrbeauftragter für Anatomie, Physiologie und Pathologie der Haustiere

Universität Hamburg

Krankheitsbilder und Heilpflanzentherapie

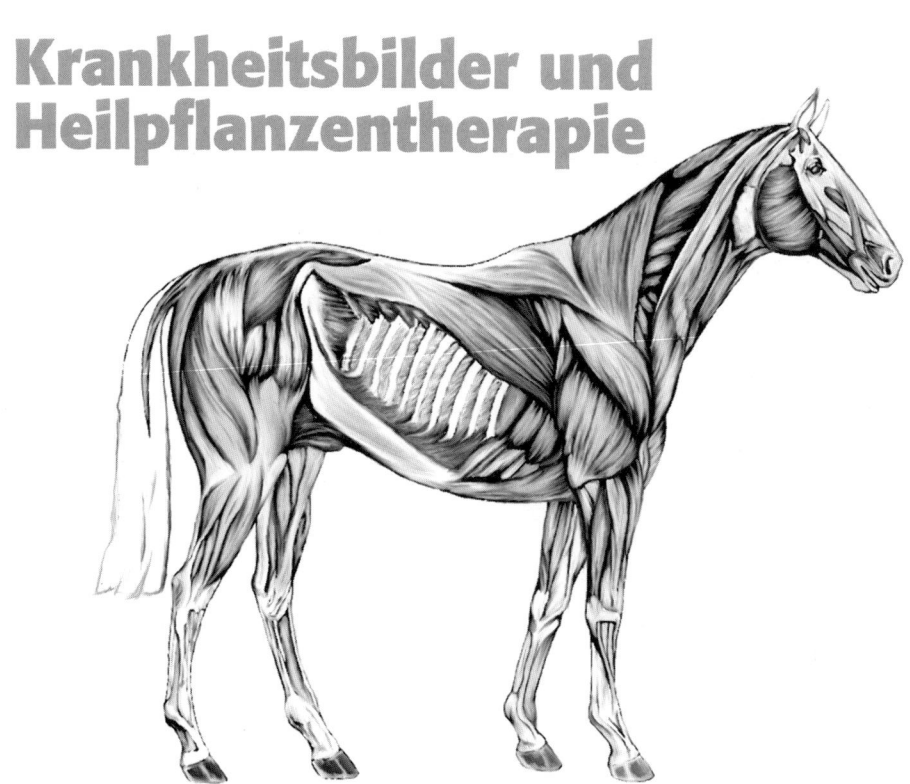

Die Haut

Die aus mehreren Schichten bestehende Haut des Pferdes hat eine Reihe außerordentlich wichtiger Funktionen: Sie umhüllt den Pferdekörper schützend; dient als Sinnesorgan; ist imstande, mit kleinen Schwankungen die körpereigene Temperatur zu regulieren und starke Einwirkungen äußerer Temperaturunterschiede zu verhindern; als Energiereserve speichert sie in ihren unteren Schichten Fett. Die Haut wird durch zahlreiche Blutgefäße versorgt. Bei überschüssiger Körperwärme beginnt ein Ausscheidungsprozeß, der durch Wasserverdunstung infolge Schweißbildung unterstützt wird. Zudem produzieren die Talgdrüsen fettartige Stoffe, die an den Haaren entlang an die Hautoberfläche gelangen, sich dort durch die Körperwärme verbreiten und die Haut vor dem Austrocknen bewahren. Zusätzlich wird die Haut des Pferdes durch ein Haarkleid geschützt, das sich in seiner Dichte und Beschaffenheit der kalten und warmen Jahreszeit anpaßt. Pferde, die vorwiegend im warmen Stall stehen, haben selbst im Winter ein kurzes, glattes Fell. Je natürlicher die Pferde gehalten werden, desto intensiver erleben sie im Frühjahr und Herbst den Fellwechsel. Dieser dauert etwa vier bis sechs Wochen und kann mitunter für die Pferde recht anstrengend sein. Mit zunehmendem Alter des Pferdes wird sein Haarkleid länger und der Zeitraum des Fellwechsels größer.

Erkrankung der Haut

Abgesehen von äußeren Verletzungen ist eine Hauterkrankung beim Pferd nicht allein eine örtliche Erkrankung. Vielmehr ist sie der Ausdruck eines erkrankten oder gestörten Organismus. Ein erkrankter Körper versucht sich immer zu entgiften und damit zu entlasten. Hier hat der Pferdekörper vier Möglichkeiten der entgiftenden Ausscheidung: Über die Haut (z. B. Schweiß); die Schleimhäute der Atmungsorgane (z. B. Husten, Schnupfen); den Darm (Kot, Durchfall); die Niere und Harnwege (Urin). Auf diesem Weg gelangen Schadstoffe aus dem Körper.

Es kann nicht genug betont werden, daß die Haut ein wichtiges und auch aufnahmefähiges Organ ist. Mit synthetischen (künstlich hergestellten) Präparaten stört man nicht nur die feinen Regelmechanismen der Haut, ein Teil der Substanzen wird aufgenommen und kann den Organismus des Pferdes zusätzlich belasten. Allerdings gibt es chemische Medikamente, die in vielen Situationen segensreich und notwendig sind.

Die Natur bietet unseren Pferden zahlreiche, wirksame Heilpflanzen für Erkrankungen der Haut bzw. des gesamten Organismus. Jede Heilpflanze speichert während ihres Wachstums »lebende« Substanzen, sie besitzt ihre besondere Eigenschaft und Heilkraft. Mit dem täglichen Kräuterfutter oder

Allergie

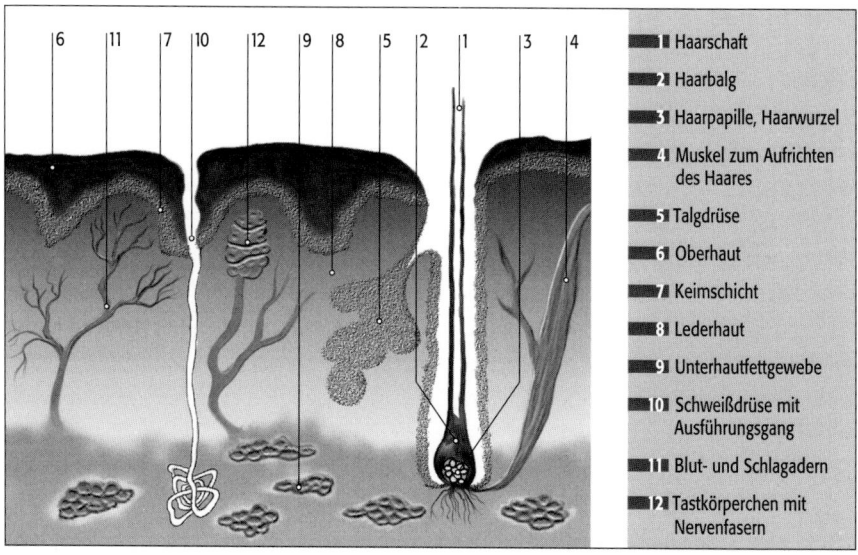

Durchschnitt durch die Haut

Teeaufguß erhält das erkrankte Pferd nicht nur natürliche Vitamine, Mineralsalze und Spurenelemente, sondern insgesamt eine wertvolle Heilnahrung.

Allergie

Eine Allergie ist eine Überempfindlichkeitsreaktion. Sehr oft werden dabei die Haut oder die Schleimhäute betroffen. Auch Durchfall, Atemwegserkrankungen, Kreislaufstörungen und Nervosität können der Ausdruck einer allergischen Reaktion sein.

Ein gesundes Immunsystem reagiert angepaßt auf die Umweltreize. Es erkennt Fremdartiges, kann gesund von krank unterscheiden und sorgt dafür, daß alles, was nicht in den Pferdekörper gehört oder ihm gefährlich werden kann, sofort vernichtet wird. Das heißt, wird der Organismus von Krankheitserregern angegriffen, produziert das Abwehrsystem – Antikörper. Mit diesen speziellen Schutzstoffen und in einem ganz bestimmten Verfahren neutralisiert es den Angreifer – das Antigen.

Kommt es nun beispielsweise im Rahmen eines Infektes zu Fieber und einer Entzündung, so kann man getrost davon ausgehen, daß das Abwehrsystem des Pferdes tatkräftig reagiert und funktioniert. Diese Reaktion ist gesund und nützlich, wir sollten in diesen Vorgang nicht allzu brutal eingreifen. Um intakt zu bleiben, braucht ein Immunsystem hin und wieder etwas Training!

Im Hinblick auf eine Allergie spielt auch die Impfung eine nicht unbedeutende Rolle. Für das Pferd unnatürlich plötzlich und unerwartet, greift hier der Mensch in ein kompliziertes und empfindliches Immunsystem ein. Allerdings sind einige Impfungen notwendig und sinnvoll, wie z. B. Tetanus oder Tollwut. Sie schützen das Pferd vor einer Krankheit, die mit ziemlicher Sicherheit zum Tode führen würde.

Mit einer Allergie wird kein Pferd geboren, wohl aber mit der Bereitschaft, später eine Allergie zu entwickeln. Diese entsteht nicht beim ersten, sondern mehrmaligen Kontakt mit einem Allergen, das heißt, der Körper wird von Mal zu Mal empfindlicher, bis es bei einem erneuten Kontakt zu einer überschießenden Reaktion kommt.

Hinzu kommt, daß sich der Abwehrmechanismus des Pferdes gerade in der heutigen Zeit in großer Verwirrung befinden muß, da er mit fremdartigen Stoffen, zahlreichen Medikamenten, Giften, verschiedenen Futterzusätzen und Metallen konfrontiert wird. Diese Fülle an »Informationen« kann der Pferdeorganismus nur schwer verarbeiten und richtig einordnen. Dabei ist zu beachten, daß nicht nur körperliche Vorgänge zu einer Störung des Immunsystems führen können, sondern selbstverständlich auch psychische Streßbelastungen.

Sommerekzem

Etwa im April beginnen die Weibchen der Stechmückengattung »Culex« damit, ihre Eier über dem Wasserspiegel von tümpelartigen Gewässern abzulegen. Bei sommerlichen Temperaturen entwickeln sich innerhalb von zehn bis fünfzehn Tagen flugfähige Mücken, wobei die Vermehrung bis zum Herbst andauern kann. – Die Weibchen der winzigen fliegenden und am Körper umherlaufenden Kriebelmücken (Gattung-Simuliidae) bevorzugen für ihre Eigelege Steine, Ufer- und Wasserpflanzen in stillen oder fließenden Gewässern. Sowohl die Eier als auch Larven können überwintern, und ihre Entwicklung dauert fünf bis sieben Wochen. Im Frühjahr und Sommer, bei günstiger Witterung, schlüpfen ganze Scharen von Kriebelmücken. Mückenweibchen stechen nicht aus böser Absicht – sie brauchen frisches Blut für ihre Fortpflanzung.

Durch die Einstiche dieser blutsaugenden Insekten wird das im Speichelsekret enthaltene Allergen (bestimmter Eiweißstoff, vermutlich mehrere) in die oberen Hautschichten des Pferdes gebracht. Es gibt zahlreiche Pferde, die auf die wiederholten Mückenstiche kaum oder nur wenig reagieren – andere hingegen reagieren überempfindlich. Diese Pferde sind Allergiker, das heißt, sie reagieren nicht nur auf die Einstiche der Mücken überempfindlich, sondern oft auch auf weitere Substanzen (z. B. Heustaub, Futterzusätze).

Aber gerade in den letzten Jahren wächst die Erkenntnis, daß eine »Mückenstichallergie« wohl kaum die alleinige Ursache des Sommerekzems ist. Besonders die Lehre der Homöopathie verweist eindringlich auf die Veranlagung (Disposition) und Konstitution eines jeden Pferdes. Unter der Veranlagung des jeweiligen Pferdes versteht man beispielsweise: Störungen des Stoffwechsels, der Verdauungsorgane, des Hormonhaushaltes, der Blutbildung und -zirkulation. Diese können bereits angeboren oder im Laufe der Zeit entstanden sein. Unmäßige, eiweißreiche Fütterung sowie Klima- und Ortswechsel, auch Überanstrengung, Streß und medikamentöse Therapien können Umstände sein, die zu einer Störung des Pferdeorganismus führen.

Unter Konstitution versteht man insgesamt alle körperlichen und psychischen Eigenschaften eines jeden Pferdes. Ist es beispielsweise hochgewachsen, schlank, sensibel, mit trockener Haut und hellem Haarkleid – oder – klein, gedrungen, schwerfällig, mit fettiger Haut und dunklem Haarkleid.

Aufgrund einer Allergiebereitschaft sowie der Veranlagung und Konstitution kann das Sommerekzem bei jedem Pferd sehr unterschiedlich ausgeprägt sein.

Anmerkung: Aus »Mitteilungen der thierärztlichen Praxis« (Berlin 1869) geht hervor, daß man damals räudeähnliche Erscheinungen beobachtete, die nicht übertragbar waren, in der kalten Jahreszeit abheilten und wiederum im Sommer auftraten.

Im Jahre 1945 kannte man die Bezeichnung »Sommerausschlag«, auch Sommerräude oder -akne genannt (Spezielle Pathologie und Therapie der Haustiere, 9. Auflage). Vieles von dem, was die moderne Schulmedizin über dieses Krankheitsbild lehrt, wurde schon zu damaliger Zeit beschrieben. Nur stehen die Erkenntnisse hinsichtlich einer Allergiebereitschaft seit den sechziger Jahren im Vordergrund.

Die Ausführungen von 1945 sind insofern interessant, da man den Sommerausschlag in Verbindung mit eitererzeugenden Bakterien brachte, und zwar unter Berücksichtigung der Veranlagung eines jeden Pferdes und verschiedenen Reizerscheinungen. – In der heutigen Humanmedizin macht man bei nässenden Ekzemen häufig einen Abstrich, durch den sehr oft eine Staphylokokken-Infektion festgestellt wird.

- Die Gebrauchsinformation aller Cortison-Präparate weist darauf hin, daß alleinige Korticoid-Behandlungen bei bakteriellen Infektionen gegenangezeigt sind.

Krankheitszeichen und Verlauf: Zur Ekzembildung kommt es vorwiegend im Bereich der Mähne, Schweifrübe, Bauchnaht, des Kopfes oder weiteren Hautpartien. Das Ekzem ist eine akute oder chronische »Entzündung« der Haut. Bei einer akuten Entzündung zeigen sich kleine bis kleinste Schwellungen und Quaddeln (spontane Reaktion auf die Einstiche), die allmählich in Bläschen oder/und Pusteln übergehen. Der meistens sehr starke Juckreiz zwingt die Pferde, sich zu scheuern und auch gegenseitig zu beknabbern – es können nässende bis blutige Wundflächen entstehen. Die dabei abgesonderte wäßrige bis gelbliche Flüssigkeit lockt fortwährend Insekten an, was einerseits den Juckreiz verstärkt und andererseits eine zusätzliche Infektionsquelle bedeutet. Auch durch das Scheuern und Wälzen der Pferde werden Bakterien in die Wundflächen übertragen. Schließlich kommt es zur Bildung von Borken und Krusten – oft ist die Haut am Mähnenkamm oder weiteren betroffenen Hautpartien des Pferdes hornartig verdickt.

Bei einigen Pferden kommt es nicht mehr zu einer akuten Entzündung des sommerzeitlichen Ekzems, sondern es tritt von vorneherein als chronisches Krankheitsbild in Erscheinung. Hier ist die Haut meistens trocken, schuppend, verdickt, und es besteht leichter bis heftiger Juckreiz. Durch das Scheuern des Pferdes können erhebliche Hautentzündungen entstehen, die einem akuten Verlauf ähneln.

Heilpflanzentherapie: Mit den angezeigten Heilpflanzen und natürlichen Präparaten können Sie Ihrem Ekzempferd sehr gut helfen. Erfreulich ist die Tatsache, daß das Ekzem des jeweiligen Pferdes bei dieser Behandlungsmethode von Jahr zu Jahr an Intensität verliert, und zwar bereits bei jüngeren Pferden. Gerade im Hinblick auf eine Allergie sind sanfte Heilbehandlungen von großer Bedeutung; hier spielt auch das Kräuterfutter eine entscheidende Rolle. Die genannten Heilpflanzen beinhalten nicht nur Mineralsalze, Spurenelemente und Vitamine, sondern zudem wertvolle Eigenschaften, die eine deutliche Linderung bewirken können.

Kräutermischung

150 g Ackerschachtelhalm-Kraut
 (genannt Zinnkraut)
 (Herba Equiseti)
100 g Brennessel-Kraut
 (Herba Urticae)
 80 g Eichenrinde
 (Cortex Quercus)
100 g Frauenmantel-Blätter
 (Folia Alchemillae)
100 g Kletten-Wurzel
 (Radix Bardanae)
130 g Löwenzahnwurzel + Kraut
 (Radix Taraxaci cum herba)
130 g Melissen-Blätter
 (Folia Melissae)
100 g Quecken-Wurzel
 (Rhizoma Graminis)
 50 g Salbei-Blätter
 (Folia Salviae)
130 g Spitzwegerich-Kraut
 (Herba Plataginis lanceolatae)
100 g Wildes Stiefmütterchen-Kraut
 (Herba Violae tricoloris)

In einer großen Tüte oder einem verschließbaren Eimer gut vermischen. Tagesration (siehe unten) in das Diät-

Sommerekzem

futter mengen; etwas Lebertran, Distel- oder Sonnenblumenöl hinzufügen! Wichtig ist 1 Eßlöffel Knoblauchfrischsaft (oder Zehe) täglich.

- Trächtige Stuten dürfen erst zwei Wochen vor dem Geburtstermin Frauenmantel erhalten.
- Die Eichenrinde muß aus der Frühjahrs-Ernte stammen. Bitte nehmen Sie für Kräutermischungen keine »Herbst-Rinde«. Die frei-zur-Verfügung gestellten Eichenäste aus der Herbst- und Winterzeit (höchster Gerbsäuregehalt), fressen die Pferde nach Bedarf. Dasselbe gilt für Walnußblätter bzw. -rinde.

Bezugsquellen: Apotheke, teilweise Reformhaus, biologischer Heilpflanzenanbau. Erntezeiten und wesentliche Angaben finden Sie im »Kapitel der Heilpflanzen«.

Dosierung der Kräuter: Pferde (Gewicht über 500 kg) 50 g täglich. Pferde, Ponys (Gewicht unter 500 kg) 30–40 g täglich.

Anwendungsdauer etwa 5–6 Monate. Nach Beendigung der ersten Mischung geben Sie statt der Eichenrinde 100 g Walnußbaumblätter (Folia Juglandis). Danach erneut wechseln.

Äußerliche Anwendungen: Sie helfen Ihrem Pferd ganz entschieden, wenn Sie seine betroffenen Hautpartien – mindestens einmal täglich – mit einem flüssigen Pflanzenpräparat gut befeuchten, das sowohl desinfiziert als auch bei Ekzembildung angezeigt ist! Erst danach kann eine Salbe, Creme oder ölige Substanz folgen, welche an sonnigen Tagen vorzugsweise abends aufgetragen wird. Ein beständiges »Bedecken« der Haut mit fettigen oder öligen Substanzen bewirkt eine Unterdrückung des »Ausschlages«, begünstigt das vermehrte »Herausblühen« des Ekzems (man denke auch an das folgende Jahr) und schafft oft schmierige Wunden. Waschen Sie Ihr Pferd nach jedem Ritt mit Essig- oder Kamillenwasser. Sehr erleichternd wirkt – von Zeit zu Zeit – die gründliche Reinigung mit einer milden Seifenlösung.

- Wurde ein Pferd über einen längeren Zeitraum mit synthetischen Präparaten behandelt, so braucht es nun besonders geduldige Pflege.

Salbei-Essig

Ein äußerst hilfreiches Mittel! Sie sollten es während der gesamten Sommer- und Frühherbstzeit anwenden. Salbei wirkt antiseptisch (desinfizierend), adstringierend (zusammenziehend), beeinflußt entschieden die Spannkraft der Haut und fördert die Ekzemheilung; angezeigt nach Insektenstich. Zubereitung: Füllen Sie gleich mehrere, verschließbare Flaschen zu einem Drittel voll Salbei-Blätter (zerkleinert – frisch oder trocken). Sehr gut geeignet sind 1-Liter-Milchflaschen, da diese eine breite Öffnung haben. Nun übergießen Sie randvoll Obst- oder Weinessig. Dieser Ansatz muß 14 Tage an warmer Stelle (Sonne, Heizung) ziehen. – Die Mühe lohnt sich, denn Sie erhalten für

Ihr Pferd ein wirksames und zugleich kostengünstiges Mittel. <u>Anwendung</u>: Den Ansatz absieben, 1 : 1 (oder höher) mit Wasser verdünnen und mit geeigneter Flasche (mit Tülle – Baumarkt) täglich auftragen. Salbei-Essig ist über 1 Jahr haltbar; 100 g Salbeiblätter kosten ca. DM 5,– (oder Sie ernten aus dem Garten).

Salbei-Tinktur

Ist Ihnen die Herstellung von Salbei-Essig zu aufwendig, kaufen Sie die Salbei-Tinktur (Tinctura Salviae). Sie hat ebenso eine beachtliche Wirksamkeit und kann von großem Nutzen sein. Die Tinktur wird 1 : 2 mit Wasser verdünnt (zuweilen wäre sie 1 : 1 angezeigter) aufgetragen und dabei gründlich einmassiert. Bei »Mückenwetter« gebe ich Knoblauchfrischsaft oder kurz abgebrühte Knoblauchzehen (den Aufguß) mit in die Flüssigkeit!

- Bei Bedarf folgt die unten genannte Creme, Salbe oder das Salicyl-Öl (Krustenbildung).

Walnußbaumblätter-Eichenrinden-Absud

Sehr hilfreiches Zwischenmittel, steht aber in der Wirkung hinter Salbei. Nußbaum und Eiche haben einen heilsamen Einfluß auf das Ekzem, wirken stark adstringierend, zudem antiseptisch und sind nach Insektenstichen angezeigt. <u>Zubereitung</u>: Walnußbaum-Blätter (Folia Juglandis) und Eichenrinde (Cortes Quercus), je 100 g gut vermischen. Davon 2 Handvoll mit 1 Liter Wasser 5 Minuten kochen, 15 Minuten ziehen lassen, durch ein feines Sieb gießen und mit Plastik- oder Sprühflasche auftragen (gut einmassieren). Geben Sie etwas Knoblauchfrischsaft oder -zehenabsud mit in die Flüssigkeit.

- Diese Rezeptur bitte weder verändern, noch Öl, Essig oder Alkohol hinzufügen. Kann im Wechsel mit Salbei, Petersilie und Klettenwurzel gebraucht werden, wobei Sie Salbei immer zur Hand haben sollten. 200 g der Pflanzenteile kosten etwa DM 10,–.

Petersilie

Gerade nach vermeintlichen Mückenstichen ist die Petersilie als Erste-Hilfe-Mittel nützlich (bei heftiger Ekzembildung fügen Sie einige Brennesselblätter und 1 Knoblauchzehe hinzu). Petersilie lindert den Juckreiz und hat offensichtlich entzündungshemmende Eigenschaften. <u>Zubereitung</u>: Der Aufguß läßt sich schnell herstellen – er wirkt besonders gut, wenn er handwarm aufgetragen wird – die Pferde empfinden es merklich angenehm. 1 Bund frische, krause! Petersilie mit 1 Liter Wasser kurz aufkochen, 10 Minuten ziehen lassen, absieben und auftragen. Wenn Sie dem Aufguß etwas Alkohol hinzugeben, hält er sich in der Stallkammer einige Tage.

- <u>Knoblauch</u> ist ein außerordentliches Desinfektionsmittel, kann die Wundheilung entschieden begünstigen und wirkt außerdem insektenabwehrend. Eine praktische Anwendung wäre die Knoblauch-Tinktur (Tinctura Allii Sativi), die zwar kostspieliger ist, dafür lange haltbar und jeder Zubereitungsform zuträglich. Eigene Herstellung (siehe »Kleine Wundversorgung«).

Große Klette

Die Klettenblüten dieser Wildpflanze kennt sicher jeder. Die Wurzeln der Großen Klette beeinflussen Ekzeme und andere Hautleiden günstig – lindern den Juckreiz, wirken antiseptisch und zugleich haarwuchsfördernd. Zubereitung: 2 Eßlöffel Klettenwurzel (Radix Bardanae) mit ½ Liter Wasser über Nacht ziehen lassen; dann kurz aufkochen, absieben und abgekühlt auftragen. Zuweilen kann der Aufguß auch in das Futter gemengt werden (100 g Klettenwurzel kosten ca. DM 6,50). Hilfreich ist zudem das Klettenwurzel-Öl (Oleum Bardanae), das Sie z. B. in eine Salbe einarbeiten können. Statt Lebertran (Rezept »Lebertransalbe«) nehmen Sie hier 100 ml Klettenwurzelöl.

Bärlapp-Aufguß

Obwohl die äußere Anwendung von Bärlapp etwas in Vergessenheit geraten ist, verfehlt sie doch nicht ihre Wirkung. Für die Behandlung wird der Bärlapp-Aufguß – kombiniert mit den aufgeführten Anwendungsmöglichkeiten – etwa zweimal in der Woche gebraucht. Zubereitung: Übergießen Sie 2 Eßlöffel Bärlapp-Kraut (Herba Lycopodii) mit ½ Liter kochendem Wasser und lassen es 20 Minuten ziehen. Danach absieben und auftragen (100 g Kraut kosten ca. DM 7,–). – Nur äußerlich.

Lebertran-Salbe

Besonders die Behandlung der Bauchnaht ist schwierig, da hier feuchte Anwendungen und eine leichte Creme nicht haften. Die Salbe eignet sich gleichfalls für weitere Hautpartien. Lebertran ist reich an ungesättigten Fettsäuren und fettlöslichen Vitaminen. Er fördert entschieden die Wundheilung und soll eine Normalisierung und Aufrechterhaltung des Säureschutzmantels bewirken. Die Zubereitung der Salbe ist recht einfach: Sie benötigen 300 g Wollwachs-Salbengrundlage (ohne Wasser!) und 100 ml Lebertran. Lassen Sie sich das Wollwachs gleich in eine 400-g-Dose abfüllen. Mit einem Holzlöffel geben Sie das zähe Wollwachs in eine größere, runde Glas- oder Plastikschüssel und übergießen den Lebertran. Obwohl es anfangs nicht danach aussieht, daß sich die Substanzen miteinander verbinden, entsteht unter kräftigem Rühren bald eine fettige Salbe. Diese füllen Sie in die ausgewaschene Dose und bewahren sie an einem kühlen Ort auf – mit Inhaltsangabe und Datum beschriften. Die Salbe kann auch mit Klettenwurzelöl oder Johanniskrautöl hergestellt werden oder mit 1 Teil Lebertran und 1 Teil jener Öle.

SOMMEREKZEM

- Sie können zinkhaltige Penatensalbe mit Lebertran verlängern oder dem oben genannten Rezept eine geringe Menge Zinkoxyd hinzufügen lassen (Apotheke).

Creme

Entgegen der fettigen, eher schützenden Salbe kann eine Creme besser in die Haut eindringen – zur Behandlung aller wunden Hautpartien hilft sie ausgezeichnet! Diese Creme läßt sich wirklich einfach zubereiten: Sie brauchen 200 g Eucerin ohne Wasser (Apotheke), 40 g Lebertran (oder andere Öle) und 20 g einer Tinktur (z. B. Salbei, Knoblauch, Ledum-Extern). Lassen Sie sich das Eucerin gleich in eine 400-g-Dose füllen. Nun rühren Sie erst den Lebertran hinein und anschließend die Tinktur. Zwei bis drei pure Notfall-Tropfen (Bach-Blüten) bilden den Abschluß. – Diese Creme ist unentbehrlich und kann problemlos in der Stallkammer zubereitet und aufbewahrt werden (alkoholhaltig).

- Sie können diese Creme auch mit unparfümierten Emulsionen verlängern, etwas mehr von der Tinktur und sogar Knoblauchfrischsaft hineingeben – hier gibt es viele hilfreiche und zugleich sparsame Möglichkeiten.

Öle

Zum Lösen von Borken, Krusten und verhornten Hautteilchen eignet sich eine Lösung aus Salicylsäure + Rizinusöl (10 % Salicylsäure in 200 ml Rizinusöl); zu bestellen in der Apotheke. Mit dieser Lösung, die 1:5 mit Paraffinöl verdünnt wird, helfen Sie Ihrem Ekzempferd sehr! Salicylsäure erweicht die Verhärtungen und wirkt entzündungshemmend und schmerzlindernd.

- Beginnen Sie mit der bewährten Anwendung, sobald sich feine Hautrisse (oft am Mähnenkamm), Knötchen, Krusten und Borken bilden. Die ölige Substanz wird sparsam und gleichmäßig aufgetragen und einmassiert (gelegentliches Seifenbad nicht vergessen).

Wann immer Öle notwendig sind, gebrauchen Sie vorzugsweise Paraffinöl (Apotheke).

Pflanzliche Öle, womöglich noch mit Zusatz von ätherischen Ölen, sind für die Ekzembehandlung ungeeignet. Unter starker Sonnenbestrahlung kommt es zum »Brateffekt«; das Öl beginnt, sich ranzig zu zersetzen, und die beschädigte Pferdehaut wird zusätzlich gereizt. Obendrein lockt man auf diese Weise Fliegen an. Ganz ähnlich verhält es sich mit einigen pflegenden, handelsüblichen Emulsionen. Diese enthalten Emulgatoren und weitere Zusatzstoffe, die oft nicht hitzebeständig sind. Da sie zudem häufig mit künstlichen Duftstoffen parfümiert wurden, können sie ein Lockmittel für Insekten aller Art sein. – Bei Anwendung derartiger Präparate steigt der Verbrauch an insektenabwehrenden Mitteln erheblich!

Seifen-Lösungen

Hier wäre ein Teershampoo empfehlenswert; vorausgesetzt es enthält Buchen- oder Birkenholzteer. Teershampoos mildern den Juckreiz und beeinflussen das Ekzem günstig. Diese Präparate (auch Ölbäder) sollten möglichst keinen Zusatz von »Schwefel« beinhalten. Obwohl man Schwefel gerne in Beziehung mit Ekzembehandlungen bringt, ist die äußere Schwefelanwendung – langfristig gesehen – keinesfalls hilfreich. Bei gleichzeitiger, äußerlicher Anwendung von Holzteeren verzichten Sie auf das Teershampoo und waschen Ihr Pferd stattdessen mit Brennessel- oder Kräutershampoo.

Holzteere

In der Pflanzenheilkunde und früheren Tiermedizin hat sich die Anwendung von Holzteer als gut wirksam erwiesen. Nur sollten diese Naturprodukte entsprechend verdünnt, sparsam aufgetragen und vor allem nicht ununterbrochen benutzt werden! Holzteere dürfen nicht auf blutige Wunden gelangen, und an sonnigen Tagen trägt man die genannte Zubereitung am Abend auf. Für die Behandlung der Bauchnaht (auch bei Sonnenbestrahlung), Schweifrübe oder entlang des Mähnenkammes ist diese Anwendung sehr hilfreich und verleitet oft zu einem längerfristigen Gebrauch. Meine Empfehlung: Tragen Sie das Holzteer-Gemisch nur an kritischen Tagen auf, benutzen Sie häufiger die feuchten Anwendungen, zudem die Creme, Salbe oder das genannte Salicyl + Rizinusöl verdünnt mit Paraffinöl. Folgende Holzteere sind für die Ekzembehandlung geeignet: Birkenholzteer (Pix Betulina oder Oleum Rusci), Buchenholzteer (Pix Fagi), Wacholderholzteer (Pix Juniperi). Diese zähflüssigen, braunen bis grünbraunen Teere werden durch Trocken-Destillation aus dem Holz dieser Gehölze gewonnen. In der Apotheke bekommt man das jeweilige Holzteer üblicherweise in einer 300-ml-Flasche (auf Bestellung ca. 1–2 Tage) und läßt sich dort eine Mischung zubereiten: 1 Teil Holzteer/ 6 Teile Glycerin oder anteilig in einer Salbengrundlage. Lassen Sie sich das Gemisch in 2 Flaschen abfüllen – es erleichtert die Handhabung.

- Gerade die Salbe kann problemlos entfernt werden, wobei sich auch das Holzteer-Glycerin-Gemisch mit einem kleingezinkten Fellkratzer (-kamm) gut ausbürsten läßt; oder Sie nehmen eine unparfümierte Lotion.
- Bei trächtigen Stuten verzichtet man auf diese Anwendung.

Insekten-Abwehr-Maßnahmen

Der durchdringende oder eigenartige Geruch bestimmter Pflanzen (auch Holzteer riecht äußerst intensiv), kann die Pferde für einige Stunden vor Mücken und Fliegen schützen. Im Abschnitt »Insekten« bzw. hier unter »Insekten-Abwehr« finden Sie zahlreiche Zubereitungs- und Anwendungsmöglichkeiten. Meine Bitte: Benutzen Sie möglichst keine ätherischen Öle, noch fertige Insektensprays, die solche Essenzen enthalten. Die heilsame Duft-Therapie und Massage-Therapie mit ätherischen Ölen ist für Menschen sicher segensreich und kann sicherlich auch bei bestimmten Erkrankungen der Pferde ihre Berechtigung haben. Obwohl die Handhabung der kleinen Flaschen, ja, schon allein die Bezeichnung »ätherische Öle« recht reizvoll ist und dieses von der Industrie beabsichtigt wird, können diese Essenzen einem Ekzempferd mehr Schaden als Nutzen bringen. Mein Vorschlag: Benetzen Sie einmal die Haut eines an Ekzem oder anderen Hautleiden erkrankten Menschen mit verdünnten ätherischen Ölen und bitten ihn dann noch, sich in der Sonne aufzuhalten.

Kräuterfutter; Homöopathie; Notfall-Tropfen; Streß; Weide; Fütterung; Mücken-Schutz-Maßnahmen:

- Ganz wesentlich ist das rechtzeitige Zufüttern der angezeigten Kräutermischung. Ich beginne damit bereits in den Wintermonaten.
- Die homöopathische Arznei »Urtica urens« D4 (Brennessel) hilft großartig! Das Arzneimittelbild von Urtica u.: Bildung von Quaddeln, Bläschen, nesselsuchtartige Ausschläge, Juckreiz, vermutliches Brennen bis hin zu Hautschwellungen ähneln den Symptomen des sommerzeitlichen Ekzems. Ich verabreiche meinen Pferden 1mal täglich 10 Tropfen, seltener 2mal am Tag.
- Für die homöopathische Konstitutionsbehandlung, die bei einem Pferd mit Ekzem auf lange Sicht hin notwendig wäre, suchen Sie am besten einen fachkundigen und erfahrenen Helfer.
- Zuweilen bekommen meine Pferde »Notfall-Tropfen« (Bach-Blüten), und zwar zweimal in der Woche 1 Tropfen pur aus der stockbottle. Diese Dosierung vertragen »meine« Pferde sehr gut.
- Wir Menschen verstehen unter dem Wort »Streß« einen Umstand, der uns unruhig, erschöpft und krank macht. Wann und wie stark ein jedes Pferd auf Streßbelastungen reagiert, ergibt nur eine genaue Beobachtung. Körperliche Überanstrengung, ständiger Ortswechsel, fortwährende Unruhe in und um den Stall sowie ein(e) stets hektischer Pferdehalter(in) und Reiter(in) können das ohnehin überempfindlich reagierende Pferd belasten. Man darf auch nicht vergessen, daß importierte Pferde häufig schon verängstigt in ihre neue Heimat kommen und dann sowohl die fremde Umgebung als auch die Klimaumstellung verarbeiten müssen.
- Ganz entscheidend für das Wohlbefinden von Ekzempferden ist, daß man ihnen Schutz vor den Mücken gewährt. Da diese Insekten aus Gründen der Orientierung nur

ungern in dunkle Ställe fliegen, befestigt man vor dem Offenstall schwarze Folienstreifen, feste Decken oder eigens für diesen Zweck konstruierte Klapptüren. Auch weidende Ekzempferde haben ein Recht auf Unterschlupf, und es wäre nur fair, es ihnen so angenehm wie möglich zu machen.

- Die <u>naturgemäße Weidebewirtschaftung</u>, z. B. mit verrottetem Stallmist, Algenkalk, Thomaskali, Urgesteinsmehl, Hornmehl ist von großer Bedeutung. Ausschließlich mit Kunstdünger bearbeitete Weideflächen lösen zwangsläufig eine Verschlechterung des Sommerekzems aus.
- Einige Pferdehalter lassen ihre Pferde ab Mai bis Ende Juli nur <u>halbtags grasen</u> und füttern <u>zusätzlich Heu</u> (eventuell mit Stroh). Diese Methode ist hilfreich.
- Bei meinen Pferden hat sich eine »<u>einfache Kost</u>« bewährt. Das heißt, sie erhalten – in geringer Menge – ganze oder gequetschte Haferkörner, seltener mit Gerste. Zudem eine kleine Gabe eines Kraftfutters, dessen Bestandteile mit dem bloßen Auge zu bestimmen sind und das möglichst keine Neben- oder Abfallprodukte aus der <u>Zuckergewinnung</u> enthält.
- Alle der genannten äußeren Anwendungen, die hinreichend erprobt und erstaunlich wirksam sind, stehen in Verbindung mit den vorbeugenden, begleitenden und schützenden Maßnahmen. Grundsätzlich gelangen auf die Haut meiner Pferde nur solche Präparate, die ich auch bei mir anwenden würde.

Mauke

Als Mauke bezeichnet man ein Ekzem in der Fesselbeuge. Man nimmt an, daß die Bereitschaft zu dieser Erkrankung auf konstitutioneller Schwäche beruht und sich zudem auf die Veranlagung des jeweiligen Pferdes gründet. Eine Veranlagung kann angeboren oder im Laufe der Zeit entstanden sein (eingehende Darstellung im Vorspann des Sommerekzems). Zu erwähnen wäre, daß die Mauke nicht allein eine örtliche Erkrankung ist, sondern der Ausdruck eines erkrankten oder gestörten Organismus (siehe Erkrankung der Haut).

Auslösende Ursachen sind nicht selten: fortwährendes Stehen auf feuchter Einstreu; verunreinigte, matschige Paddocks. Auch synthetische Substanzen oder Gifte in der Einstreu (z. B. Sägespäne), im Erdreich oder in bestimmten Präparaten können die Haut in der Fesselbeuge erheblich reizen.

Krankheitszeichen: Bevorzugt tritt die Mauke an den hinteren Gliedmaßen auf. Oft zeigt sich zunächst ein fettiger Belag, und die Hautpartie kann zudem gerötet sein. In der Folge bilden sich oft kleine Bläschen, die platzen und eine Flüssigkeit absondern. Die dicht nebeneinander entstehenden Bläschen verbinden sich zu nässenden Hautbezirken. Aus dem Bläschensekret und der Wundflüssigkeit bildet sich eine Kruste.

Hinweis: Speziell bei dieser ekzematösen Hautpartie kommt es oft zu einer zusätzlichen bakteriellen Infektion. Diese kann entweder die Hautoberfläche betreffen, wobei sich häufig übelriechende Absonderungen bemerkbar machen. Im schlimmsten Fall dringen Bakterien durch die wunde Haut in das Untergewebe ein, die den sogenannten Einschuß (Phlegmone) hervorrufen können. Die Hautpartie schwillt an, wird deutlich wärmer und ist druckschmerzhaft, meistens verschlechtert sich der Allgemeinzustand des Pferdes – eine Phlegmone sollte unbedingt tierärztlich behandelt werden.

Scheren oder Rasieren der Fesselbeugenbehaarung? Aus »Spezielle Therapie der Haustiere« (1945) geht hervor, daß durch ein Abscheren der Behaarung das Ekzem begünstigt wird. »Krankheiten des Pferdes« (1982) empfiehlt eine Rasur bei Mauke. In »Krankheiten des Reitpferdes« (1990) verweist man eindringlich auf den Verzicht einer Rasur, da die nachwachsenden Haare Juckreiz erzeugen (Autoren siehe Literaturnachweis).

Heilpflanzentherapie: Bestimmte pflanzliche Zubereitungsformen sind bei Mauke wirkungsvoll und außerordentlich hautverträglich. Das tägliche Kräuterfutter ist unentbehrlich. Es besteht aus Heilpflanzen, die dem Pferd sowohl natürliche Substanzen zuführen, als auch bei ekzematösen Hautausschlägen sowie Hautwunden angezeigt sind.

Kräutermischung

100 g Ackerschachtelhalm-Kraut
   (genannt Zinnkraut)
   (Herba Equiseti)
100 g Birken-Blätter
   (Folia Betulae)
100 g Brennessel-Wurzel
   (Radix Urticae)
 80 g Huflattich-Blätter
   (Folia Farfarae)
100 g Klettenwurzel
   (Radix Bardanae)
130 g Löwenzahnwurzeln + Kraut
   (Radis Taraxaci cum herba)
 80 g Salbei-Blätter
   (Folia Salviae)
100 g Schafgarben-Kraut
   (Herba Millefolii)
 80 g Walnußbaum-Blätter
   (Folia Juglandis)

Die Kräuter in einer großen Tüte oder einem verschließbaren Eimer (nicht durchsichtig) gut vermischen. Tagesration in das Futter mengen, etwas Lebertran, Distel- oder Sonnenblumenöl hinzufügen; auch Möhren und maßvoll Äpfel. Täglich 1 Eßlöffel Knoblauchfrischsaft oder -zehen in das Futter mengen.

– Bitte beachten Sie, daß Huflattich für trächtige Stuten unverträglich sein kann.
– Nach dem Verbrauch dieser Mischung fügen Sie statt Huflattich

100 g Queckenwurzel (Rhizoma Graminis) hinzu.

Bezugsquellen der Kräuter: Apotheke, teilweise Reformhaus, biologischer Heilpflanzenanbau. Dosierung der Kräuter: Pferde (Gewicht über 500 kg) 50 g täglich, Pferde, Ponys (Gewicht unter 500 kg) 30–40 g täglich. Anwendungsdauer: Möglichst zwei bis drei Monate. Erntezeiten und weitere, interessante Angaben finden Sie im »Kapitel der Heilpflanzen«.

Zur äußerlichen Anwendung: Für die Dauer der Behandlung und auch in der Folgezeit braucht das Pferd eine trockene Einstreu. Bei Offenstallhaltung könnte ein geeigneter Bezirk vom Paddock abgegrenzt werden (z. B. ebener Boden, seichte Sandfläche – mit Sichtkontakt zur Pferdegemeinschaft oder besser mit einem zweiten Pferd).

Eichenrinde-Nußbaumblätter-Absud

Aus Eichenrinde (Cortex Quercus) und Nußbaumblättern (Folia Juglandis) bereiten Sie einen Absud. Zubereitung: Vorläufig genügt der Ankauf von je 100 g der Pflanzenteile. Gut vermengen und davon 5 Eßlöffel mit 1/2 Liter Wasser 5 Minuten kochen, 15 Minuten ziehen, absieben und erkalten lassen. Anwendung: Nun tränken Sie ein sauberes Leinentuch (keinesfalls Watte) und befeuchten die Fesselbeuge gründlich. Der Absud sollte etwa 1 Stunde einwirken. Anschließend die Fesselbeuge mit einem sauberen, saugfähigen Handtuch kräftig trockentupfen. Eichenrinde und Nußbaumblätter wirken adstringierend (zusammenziehend), entzündungshemmend und allgemein heilsam bei Mauke.

- Es wäre empfehlenswert, daß Sie dem Absud 2 gepreßte Knoblauchzehen hinzugeben.
- Diese Rezeptur bitte weder verändern, noch Essig, Öl oder Alkohol beimengen.

Salbe mit Lebertran

Lebertran versorgt die Haut mit lebensnotwendigen, ungesättigten Fettsäuren und fettlöslichen Vitaminen, wie z. B. dem Vitamin A und D3. Er dringt gut in die Haut ein, soll eine Wiederherstellung und Erhaltung des Säureschutzmantels bewirken und zugleich die Wundheilung beschleunigen.

Zubereitung: Sie benötigen 100 ml gereinigten Lebertran und 250 g Wollwachs-Salbengrundlage (ohne Wasser!); beides erhalten Sie im Arzneihandel. Am besten lassen Sie sich das Wollwachs gleich in eine 350-g-Dose abfüllen. Mit einem Holzlöffel geben Sie das zähe Wachs in eine größere, runde Glas- oder Plastikschüssel und gießen den Lebertran hinzu. Unter kräftigem Rühren entsteht bald eine fettige, vaselinartige Salbe. Diese geben Sie in die ausgewaschene Dose und verschließen sie gut. Kühl aufbewahrt ist die Salbe etwa 1/2 Jahr haltbar. Sie kann hin und wieder aufgetragen werden.

- Sie können auch die bekannte, zinkhaltige Penatensalbe in eine größere Dose geben, etwas Lebertran und Salbei-Tinktur oder Knoblauch-Tinktur (Tinctura Allii sativi) hineinrühren

Salbei-Tinktur
Der Salbei ist ein vorzügliches Mittel zur Ekzembehandlung. Unter anderem wirkt er antiseptisch, zusammenziehend und heilsam bei Ekzembildung. Echter Salbei kann – ähnlich wie Essig – die Ausdünstungen der Haut fördern, und zwar sowohl bei innerer als auch äußerer Anwendung. Zudem beeinflußt und stärkt er die Spannkraft der Haut. Die Salbei-Tinktur (Tinctura Salviae) verdünnen Sie 1 : 1 mit abgekochtem Wasser, geben etwas von der Flüssigkeit auf ein sauberes Leintuch oder Kompresse (keine Watte) und befeuchten die Fesselbeuge gründlich. Die Tinktur sollte 1 Stunde einwirken; anschließend wird die Hautpartie mit einem sauberen Handtuch gründlich trockengetupft.

Bärlapp-Aufguß
Die äußerliche Anwendung von Bärlapp hat besonders bei nässenden Hautausschlägen eine sehr gute Wirksamkeit. <u>Zubereitung</u>: Sie übergießen 2 Eßlöffel Bärlapp-Kraut (Herba Lycopodii) mit 1/4 Liter kochendem Wasser. 15 Minuten ziehen lassen und dann durch ein feines Sieb schütten. Tränken Sie ein sauberes Leinentuch und befeuchten damit gründlich die Haut in der Fesselbeuge. Nach einer Stunde Einwirkzeit wird die Fesselbeuge gut trockengetupft. Den Bärlapp-Aufguß nur äußerlich anwenden!

Johanniskraut-Öl
Johanniskraut wirkt unter anderem zusammenziehend (adstringierend), antiseptisch und eignet sich ausgezeichnet für wunde Hautflächen. Das Aufgußöl aus Johanniskraut (Oleum Hyperici) können Sie im Arzneihandel kaufen und entweder pur auf die Hautpartie streichen oder vorher 1 : 1 mit Olivenöl verdünnen. Das Öl muß gründlich einmassiert werden.
- Johanniskrautöl können Sie, zu gleichen Teilen, auch der oben genannten Lebertransalbe hinzufügen.
- Es spricht nichts dagegen, daß man bei Mauke dieses Heilpflanzenöl aufträgt. Anders als eine schützende Salbe, kann es gut in die Haut eindringen und hat auch unter einem Verband eine heilsame Wirkung.

Holzteere
Hochwertige Holzteere können bei Mauke außerordentlich hilfreich sein. Nur sollten sie entsprechend verdünnt, sparsam und nicht ununterbrochen aufgetragen werden. <u>Zubereitung</u>: Die genannten Holzteere werden durch Trocken-Destillation aus dem Holz der Buche, Birke und des Wacholders gewonnen. 300 ml <u>Birkenteer</u> (Pix Betulina oder Oleum rusci) oder <u>Buchenteer</u> (Pix Fagi) oder <u>Wacholderteer</u> (Pix Juniperi) können Sie in der

INSEKTEN

Apotheke bestellen (1–2 Tage) und dort vermengen lassen: 1 Teil Holzteer/6 Teile Glycerin. <u>Anwendung:</u> Die braune Flasche darf nicht zu kalt stehen, sonst wird das Gemisch fest und muß vor dem Gebrauch kräftig geschüttelt werden. Aufgrund des intensiven Teergeruchs wäre das Tragen von Einmalhandschuhen zu empfehen.

- Sie können auch eine 10–20prozentige Holzteer-Salbe herstellen lassen, die wunderbar hilft und sich gut auftragen läßt.
- Holzteere dürfen nicht auf blutige, nässende Wunden gelangen.
- Gut bewährt hat sich eine Holzteer-Behandlung über 3–4 Tage, danach die Flecken mit einer öligen Substanz oder Emulsion entfernen – etwa 4–5 Tage die feuchten Anwendungen folgen lassen (gut trockentupfen) – und anschließend wiederum für wenige Tage eine Holzteer-Verdünnung gebrauchen (dann Entfernung des Gemisches). Die genannte Salbe zieht problemlos ein und hinterläßt für einige Stunden einen leicht fettigen Belag.

Insekten

<u>Bremsen und Stechfliegen</u> können eine große Plage sein. Mit ihren rüsselartigen Mundwerkzeugen stechen die Weibchen der Bremsen in die Haut und saugen Blut. Bei den Stechfliegen, auch <u>Wadenstecher</u> genannt, stechen und

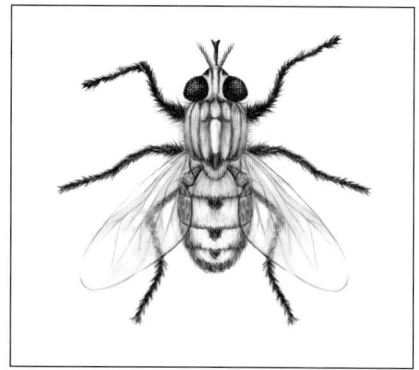

Wadenstecher

saugen sowohl die Weibchen als auch die Männchen. Nicht nur die Einstiche, sondern bereits der Anflug dieser Blutsauger bereitet vielen Pferden ständiges Unbehagen. Durch die Einstiche können Quaddeln, Knötchen und Schwellungen entstehen.

Bremsenlarven überwintern und leben in feuchter Erde, Gräben, Sümpfen und Schlamm. Die Stechfliege legt ihre Eier bevorzugt auf frischen Mist und Komposthaufen.

Auch die <u>Stall- und Weidefliegen</u> belästigen die Pferde erheblich. Saugend und leckend, aber nicht stechend, ernähren sie sich von Schweiß und weiteren Absonderungen des Pferdekörpers. Bevor diese Insektentiere mit dem Einsaugen beginnen können, verflüssigen sie ihre Nahrung mit körpereigenen Substanzen. Die Weidefliegen sitzen gerne im Bereich der Augen, verursachen häufig Augenreizungen und finden wiederum im auslaufenden Sekret Nahrung. Beide Fliegengattungen legen ihre Eier auf Mist- oder Komposthaufen.

Auf die Einstiche der blutsaugenden und in der warmen Jahreszeit fliegenden Stech- und Kriebelmücken reagieren einige Pferde allergisch. Je nach Veranlagung und Bereitschaft eines Pferdes bildet sich ein unterschiedlich ausgeprägtes Ekzem, das sogenannte Sommerekzem. (Seite 11)

Insektenstiche

Die Anwendung von Heilkräutern nach Insektenstichen ist altbewährt. Zahlreiche Heilpflanzen können hier sehr hilfreich sein.

Anis
Das Anisöl hat einen recht intensiven Geruch. Es ist immer hilfreich nach Insektenstichen und wirkt außerdem insektenabwehrend. Zubereitung und Anwendung: Für die Behandlung einzelner Stichstellen wird das Anisöl (Oleum Anisi) pur aufgetragen. Bei einer großflächigen Schwellung verrühren Sie es 1:3 mit Lotion oder gutem Pflanzenöl. Verdünnen Sie immer nur soviel, wie nötig. Bewahren Sie das Anisöl an einem kühlen Ort auf, dann kann es zwei und mehr Jahre haltbar sein.

Zitrone
Der frische Saft einer Zitrone ist ein altbewährtes Mittel nach Insektenstichen. Er wirkt blutstillend, desinfizierend und belebt die Haut. Zitronensaft können Sie direkt auf die Einstichstelle oder vorher auf Zellstoff gießen.

Knoblauch
Der äußerst vielseitige und hilfreiche Knoblauch kann auf unterschiedliche Weise angewendet werden: eine große Knoblauchzehe zerteilen und den Insektenstich einreiben; den Knoblauchfrischsaft pur auftragen oder die Knoblauchtinktur gebrauchen. Die Tinktur (Allii sativi) gibt es in der Apotheke. Sie ist jahrelang haltbar und wird vor der äußerlichen Anwendung 1:2 mit Wasser verdünnt. Damit der Frischsaft bei sommerlichen Temperaturen nicht innerhalb von wenigen Tagen schimmelt, fügen Sie eine kleine Menge 30–40prozentigen Alkohol hinzu.

Salbei-Tinktur
Der Salbei ist gut wirksam nach Insektenstichen. Die Tinktur (Tinctura Salivae) können Sie im Arzneihandel kaufen und entweder pur oder 1:2 mit Wasser verdünnt auftragen.

Wegerich
Spitz- und Breitwegerich wachsen im Frühjahr bis Spätsommer überall auf Grasflächen, an Weg- und Straßenrändern. Die frischen Blätter bieten schnelle Hilfe nach Insektenstichen aller Art. Gerade beim Wanderritt kann der Wegerich für Pferd und Reiter sehr nützlich sein.

Insektenstiche

Zubereitung und Anwendung: Sie werden abgewaschen, gründlich zwischen den Händen zerrieben und für einige Minuten auf den Einstich gedrückt. Eventuell wiederholen. – Etwas umständlich ist die Herstellung von Frischsaft. Hier müßten Sie eine große Menge Wegerichblätter durch den Entsafter geben und erhalten doch nur wenig Pflanzensaft. Spitzwegerich-Frischsaft bekommen Sie auch im Handel, und mit etwas Zusatz von Alkohol kann er – in eine verschließbare Flasche abgefüllt – länger haltbar sein.

Petersilie

Besonders die krausblättrige Petersilie hilft ganz ausgezeichnet nach Insektenstichen. Zubereitung und Anwendung: Für den Absud nehmen Sie 1 kräftiges, abgewaschenes Bund Petersilie und lassen es mit einem Liter Wasser 5 Minuten kochen und 30 Minuten ziehen. Danach absieben, auftragen oder aufsprühen. Einfacher und ebenso wirksam ist die äußerliche Anwendung von purem Frischaft oder den homöopathischen Tropfen (Petroselium/als Urtinktur)! Letztere sind lange haltbar, werden pur aufgetragen und ausschließlich äußerlich angewendet.

Insekten-Abwehr

Die Eigentümlichkeit und der intensive Duft bestimmter Heilpflanzen können Fliegen und Mücken für einige Stunden vertreiben. Hingegen lassen sich Bremsen nur schwer abwehren.

Ätherische Öle

Anis, Basilikum, Melisse, Nelke, Lavendel, Salbei und Zimt haben den geeigneten Duft und zudem die Eigenschaft, Insekten abzuwehren. Citronelle (Zitronenstrauch, nicht zu verwechseln mit dem Zitronenbaum) und Eucalyptus, ein häufiger Bestandteil handelsüblicher Fliegensprays, besitzen wohl einen durchdringenden Geruch, aber nicht die gewünschte Wirkungsweise. Zudem können sie die Haut erheblich reizen. Das ätherische Öl aus Thymian vertreibt Insekten recht gut, nur kann es ebenfalls starkes Hautbrennen und -ausschläge verursachen.

Zubereitung und Anwendung: Unverdünntes ätherisches Öl darf keinesfalls unmittelbar mit der Pferdehaut in Berührung kommen. Sie können wenige Tropfen pures Öl auf die Hand geben und diese zart über Mähnen- und Schweifhaare streichen. Auf ähnliche Weise können Sie die Außenseite der Fliegendecken, des Bauchgurtes und auch leichte Stoffhalsbänder parfümieren.

Zur weiteren Verwendung müssen ätherische Öle unbedingt verdünnt werden: 40 Tropfen ätherisches Öl mit mindestens 250 ml Pflanzenöl oder unparfümierter Lotion vermengen. Mit einer Verteilersubstanz (Emulgator) sind ätherische Öle auch in Wasser löslich. Die entsprechende, hautverträgliche Lösungsmenge können Sie beispielsweise im Naturkosmetikhandel herstellen lassen.

INSEKTENSTICHE

<u>Verfälschte Öle:</u> Das ätherische Öl einer Pflanze wird meistens durch Wasserdampfdestillation gewonnen. Auf diese Weise erhält man ein Naturprodukt, welches die Duftstoffe und einige Eigenschaften der Pflanze in sich vereinigt. Aber lange nicht alle käuflichen Essenzen sind einwandfrei – häufig werden sie mit künstlichen Zusätzen verfälscht. Daher kauft man ätherische Öle vor allem in vertrauenswürdigen Geschäften.

Hinweis: Das Vernebeln (Versprühen) von ätherischen Ölen, wie man es in manchen Ställen beobachten kann, ist sehr fragwürdig. Durch Zusatz von Emulgatoren verteilt sich das Öl mit Wasser in allerkleinste Tröpfchen. Durch das Versprühen gelangen die feinsten Tröpfchen nicht nur auf das Haarkleid des Pferdes, sondern sie könnten auch die Schleimhäute belegen.

Fliegenspray

Für die Zubereitung eines Fliegensprays brauchen Sie folgende Zutaten:

50 g Anis-Samen
   (*Semen Anisi*)
15 g Basilikum-Kraut
   (*Herba Basilici*)
30 g Kalmus-Wurzel
   (*Rhizoma Calami*)
10 g Melissen-Blätter
   (*Folia Melissae*)
50 g Gewürznelken
Die Schale einer halben, ungespritzten Zitrone oder etwas reinen Zitronensaft.
1 Liter 30–40prozentigen Alkohol.

Die Zutaten schütten Sie in eine 1-Liter-Flasche; am besten in eine saubere Milchflasche (breite Öffnung) und übergießen bis zum Rand mit Alkohol. Die Flasche gut verschließen und nach vier Tagen wiederum etwas Alkohol hinzufügen. Der Ansatz sollte mindestens zwei Wochen an einem warmen Ort (Sonne, Heizung) ziehen. Anschließend einmal durch ein feines Sieb geben, mit 1 Liter Wasser verdünnen und mittels einem Haushaltssprüher zerstäuben. Bei entsprechend größerem Mischungsverhältnis können Sie gleich mehrere Flaschen ansetzen.

- Dieses Insektenspray kann ich Ihnen nur empfehlen; es wirkt sehr gut, ist hautverträglich, ein reines Naturprodukt und obendrein kostengünstig!
- Wer den Geruch von Knoblauch erträgt, gibt zwei zerteilte Knoblauchzehen mit in den alkoholischen Pflanzenauszug.

Auch ein Absud ist wirkungsvoll:

Die Zutaten (gleiche Mengenangabe des alkoholischen Auszuges) mit 1 1/4 Liter Wasser 5 Minuten kochen und 30 Minuten ziehen lassen (bei geschlossenem Deckel). Danach zweimal durch ein feines Sieb schütten und zerstäuben. Gießen Sie 1/8 Liter Alkohol hinzu, dann wird der Absud haltbarer.
Oder Sie kaufen Tinkturen aus: Anis (*Tinctura Anisi*) – Basilikum (*Tincutra Basilici*) – Kalmus (*Tincutra Calami*) – Melisse (*Tinctura Melissae*) – Pfefferminze (*Tinctura Mentha piperitis*) –

Nelkenblüten (Tincutra caryophylli). Je 100 ml. In einen Haushaltssprüher geben Sie insgesamt von diesen Tinkturen (zu gleichen Teilen) immer nur soviel, daß der Zerstäuber zu einem Viertel gefüllt ist. Dann übergießen Sie bis zum Rand Wasser, etwas Alkohol und Zitronensaft (vielleicht auch Knoblauchfrischsaft). Diese Flüssigkeit ist länger haltbar, die Tinkturen können mehr als zwei Jahre aufbewahrt und auch für andere Zwecke verwendet werden.

Der Geruch von Knoblauch
Er vertreibt so manches Insekt. Hier ist Knoblauch sicherlich eine praktische, sparsame und zugleich sehr gut wirkende Methode. Entweder verwenden Sie etwa 1:3 mit Wasser verdünnten Frischsaft (Reformhaus) oder bereiten einen Knob-lauchauszug. Sie drücken 4–5 Zehen durch die Presse, legen diese über Nacht in 1/4 Liter warmes Wasser, wobei Sie dem Wasser gleich einen Schuß 30–40prozentigen Alkohol zufügen – dann absieben und zerstäuben.

Essig
Gelegentliche Waschungen mit verdünntem Obst-Essig fördern auf heilsame Weise die Schweißabsonderung, beleben die Haut und den Körper. Längerfristige, innere Eingaben, z. B. in das Trinkwasser oder Kraftfutter gegeben, können eine wahre »Roßkur« sein und die Gesundheit des Pferdes beeinträchtigen. Neben einer vermehrten Schweißbildung – die vielleicht in bestimmten Momenten als Ausleitungsmethode wünschenswert ist – können Kraftlosigkeit, Abmagerung, Nervosität, andauernde Magen- und Darmstörungen und schlichtweg – eine Übersäuerung die Folge sein. Mein Vorschlag: Jeder, der seinem Pferd täglich verdünnten Essig verabreicht, sollte diese Kur zur gleichen Zeit bei sich selbst ausprobieren.

Nach dem Reiten
Besonders bei heißem Wetter läßt es sich oft nicht vermeiden, daß die Pferde nach dem Reiten schwitzen. Eine Waschung mit stark verdünntem Essigwasser erfrischt und reinigt. Sehr empfehlenswert ist die Anwendung von Kamille. Sie hat unter anderem die Eigenschaft, wie ein Deodorant zu wirken. In einen halb mit Wasser gefüllten, normalen Stalleimer geben Sie etwa 15 Tropfen Kamillenextrakt, wobei Sie stattdessen auch kräftigen Kamillentee verwenden können.

Geruchsausdünstung
Die einfachste Art der Futterbeigabe ist der 1:1 mit Wasser vermengte Knoblauchfrischsaft (1 Eßlöffel täglich). Obendrein wirkt dieser deutlich milder, als die puren, scharfbrennenden Knoblauchzehen, die häufig von den Pferden nicht gänzlich zerkaut werden. Wenn Sie ein bis zwei frische Zehen durch die Presse drücken und mit etwas Pflanzenöl vermischen, wird das Knoblauch-

Haarlinge und Läuse

futter reizloser. Man kann gleich eine größere Menge herstellen, die im Kühlschrank viele Tage haltbar ist.

Reizzustände der Augen
Hier bietet sich die Pflanze Augentrost (Euphrasia) an. Sie ist ein ausgezeichnetes Mittel bei verschiedenen Augenerkrankungen. Im Arzneihandel bekommen Sie für Ihr Pferd Augentropfen (brennen nicht) oder Augensalbe, die Euphrasia enthalten. Sie können auch den Aufguß anwenden. Zubereitung: 1/2 Teelöffel Augentrostkraut (Herba Euphrasiae) mit 1 Tasse kochendem Wasser übergießen und nur! 2 Minuten ziehen lassen. Danach erst durch ein feines Sieb und anschließend durch eine Papierfiltertüte geben!, abkühlen lassen, mit einer Gazekompresse vorsichtig den inneren Augenwinkel reinigen und befeuchten.

- Um die Augen des Pferdes vor Fliegen zu schützen, können Sie einen leeren, ausgewaschenen Deo-Roller mit dem aufgeführten Fliegenspray füllen und damit die Haut rund um die Augen anfeuchten.

Bezugsquellen der Heilpflanzen: Apotheke, teilweise Reformhaus, biologischer Heilpflanzenanbau. Erntezeiten und weitere, interessante Angaben finden Sie im »Kapitel der Heilpflanzen«.

Haarlinge und Läuse

Mit ihren beißenden und kauenden Mundwerkzeugen ernähren sich die etwa 1–2 mm kleinen Pferde-Haarlinge von Haaren, Hautschuppen und Absonderungen der Hautdrüsen. Das Haarlingsweibchen kittet ihre Eiablage mit einer gelblichen Masse an den Grund der Haare. Nach einer Woche schlüpfen Larven, die sich in etwa zwei Wochen bis zum fertigen Haarling entwickeln. Im Winter und Frühjahr kann es besonders bei geschwächten Pferden zu einem erheblichen Haarlingsbefall kommen. Da Haarlinge recht beweglich und auch beißend tätig sind, beunruhigen sie die Pferde und verursachen häufig starken Juckreiz.

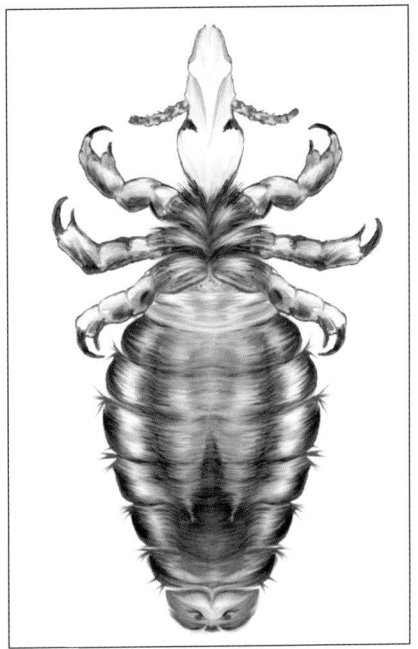

Pferdelaus

Haarlinge und Läuse

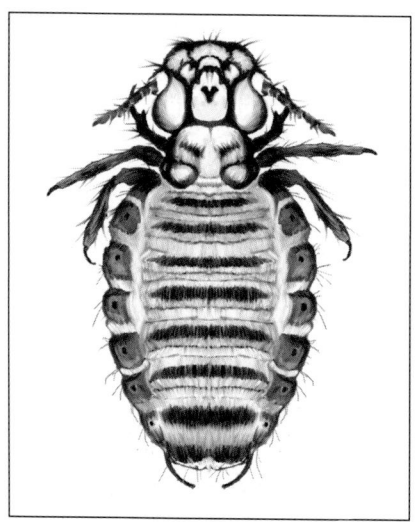
Pferdehaarling

sein. Die Lausweibchen befestigen ihre Eier (Nissen) an den Haaren. Die gesamte Entwicklung, von der Larve bis zur fertigen Laus, dauert etwa 20–35 Tage. Vom Pferd getrennt sterben Läuse nach wenigen Tagen.

Sehr häufig werden Pferde sowohl von Läusen als auch von Haarlingen befallen.

Heilpflanzentherapie: Heilkräuter enthalten Mineralsalze, Spurenelemente, Vitamine und weitere pflanzliche Wirkstoffe. Die tägliche Futterbeigabe von ausgesuchten Kräutern ist für das Wohlbefinden des Pferdes außerordentlich wichtig.

Einzelne Haarpartien sehen wie abgebissen aus, auch lichtet sich das Haarkleid, erscheint rauh und glanzlos, bis hin zu haarlosen Hautpartien. Bei gründlicher Untersuchung kann man Pferdehaarlinge häufig mit der Lupe erkennen; sie haben einen breiten Kopf und einen schmalen Brustteil.

<u>Pferdeläuse</u> sind etwa 3–4 mm klein, haben einen spitzen Kopf und breiten Brustteil. Sie stechen in die Haut des Pferdes und saugen Blut. Dieses führt nicht nur zu einer erheblichen Beunruhigung, sondern auch zur Schädigung des ohnehin geschwächten Pferdes. Die Einstiche verursachen meistens starken Juckreiz, so daß sich die Pferde heftig scheuern und benagen. Verfilzte, glanzlose Haare, Haarausfall, auch Pusteln und Borken können die Folge

Kräutermischung

130 g Ackerschachtelhalm-Kraut
    (Herba Equiseti)
100 g Bärlauch-Kraut
    (Herba Allii ursini)
100 g Birken-Blätter
    (Folia Betulae)
 80 g Birken-Rinde
    (Cortex Betulae)
130 g Brennessel-Wurzel
    (Radix Urticae)
130 g Brombeer-Blätter
    (Folia Rubi fruticosi)
100 g Kletten-Wurzel
    (Radix Bardanae)
130 g Quecken-Wurzel
    (Rhizoma Graminis)
 80 g Salbei-Blätter
    (Folia Salivae)
130 g Spitzwegerich-Kraut
    (Herba Plantaginis lanceolatae)

Haarlinge und Läuse

Zudem wäre für diese Mischung die Beigabe von 80 g getrockneten Isländisch Moos (Lichen islandicus) sehr empfehlenswert: 50 g kosten ca. DM 10,–.

Alle Kräuter in einer großen Tüte oder einem verschließbaren Eimer gut vermischen. Tagesration in das Futter mengen; etwas Lebertran, Distel- oder Sonnenblumenöl hinzufügen. Zusätzlich Möhren und einige Äpfel. Täglich ein Achtel der handelsüblich verpackten Backhefewürfel erspart manches teure Zusatzpulver. Obendrein können Sie Petersilie zufüttern, und zwar geben Sie von den leicht angetrockneten und etwas zerkleinerten Blättern pro Tag einen Eßlöffel in das Kraftfutter. Und füttern Sie reichlich Knoblauch. Ein Eßlöffel Knoblauchfrischsaft ist gut verträglich. – Trächtige Stuten sollten vorsichtshalber keine Petersilie erhalten.

- Birkenblätter und -rinde müßten aus der letzten Frühjahrsernte stammen und können »nun« gesammelt werden.
- Statt Brennessel-Wurzel können Sie das Kraut verwenden (Herba Urticae).

Dosierung der Kräuter: Pferde (Gewicht über 500 kg) 50 g täglich. Pferde, Ponys (Gewicht unter 500 kg) 30–40 g täglich. Bezugsquellen der Kräuter: Apotheke, teilweise Reformhaus, biologischer Heilpflanzenanbau. Anwendungsdauer: Mindestens 3–4 Monate. Da man bei Ekzempferden möglichst schon im Winter mit der entsprechenden Kräutermischung beginnt, schließt man bei einem Befall mit Haarlingen oder Läusen einen Kompromiß – verfüttert erst die hier angegebene Mischung und ab Februar/März das Ekzem-Kräuter-Zufutter. Frische Pflanzen: Neben der Zugabe der frischen Petersilie können Sie dem Pferd einige Blätter Feldsalat und 1 feste Bananenfrucht mit in das Futter geben. Vielleicht hängen Sie zuweilen Äste und Zweige in den Stall oder Auslauf. Geeignet sind: Birke, Buche, Eiche (in Maßen), Ulme, Weide, der Apfel- und Birnenbaum. Die im zeitigen Frühjahr sprießenden jungen Zweigspitzen der Fichte (Rottanne, Schwarztanne) sind reich an Vitaminen und Mineralstoffen. Ein kleiner Zweig als tägliche Zugabe kann unbedenklich an das Pferd verfüttert werden (siehe »Kapitel der Heilpflanzen«, bzw. hier unter Nadelhölzer).

Hinweis: Besonders der Befall mit Haarlingen kann zu räudeähnlichen (Milben) Erscheinungen führen. Daher sollte vor der äußerlichen Behandlung immer die fachkundige Diagnose stehen.

ÄUSSERLICHE ANWENDUNGEN
Insektenpulverkraut

Die zur Familie der Korbblütler gehörende »Dalmatinische Insektenblume« ist ein natürliches Insektizid. Unter anderem enthält diese Pflanze das sehr giftige Pyrethrin, welches für Menschen und warmblütige Tiere unbedenklich, für Insekten aber tödlich ist. Das Insektenpulverkraut (Chrysanthemum

Haarlinge und Läuse

cinerariaefolium) ist der Bestandteil eines sehr bekannten Kopfläusemittels für Menschen (Goldgeist®, E. Gerlach). Da es sowohl von Erwachsenen als auch von Kindern gut vertragen wird, kann es ebenso bei Pferden angewendet werden. Zudem gibt es im Arzneihandel eine sprühbare Lösung (Pumpflasche), die aus Insektenpulverkraut hergestellt wird. Nur sollte man sich vor dem Ankauf erkundigen, ob ein solches Mittel auch tatsächlich die pflanzlichen Wirkstoffe der Dalmatinischen Insektenblume enthält. Anwendung: Das befallene Pferd mit einem kleingezinkten Fellkratzer sehr gründlich durchkämmen. Die ausgekämmten Haare vernichten. Nun kann das Pferd mit einem Insektenpulverkraut-Präparat großflächig eingeseift werden. Während der halbstündigen Einwirkzeit deckt man das Pferd gut ein. Anschließend wird das Präparat gründlich ausgespült, das Pferd mit saugfähigen Handtüchern abgerieben und je nach Witterung mit einer Decke eingehüllt. Diese Prozedur muß nach drei Tagen, abermals drei Tagen und dann nach einer Woche wiederholt werden. Mit dem genannten biologischen Läuse-Killer (aus Insektenpulverkraut), der auch Haarlinge vernichten kann, besprühen Sie das Putzzeug und bewahren es in einer geschlossenen Plastiktüte auf.

Anis

Der weißblühende Anis hat einen angenehmen und doch intensiven Geruch. Zur Bekämpfung von Haarlingen, Läusen und weiteren Lästlingen ist er ein altbewährtes Mittel. Aus den Samen, die reichlich ätherisches Öl enthalten, wird Anisöl und Anistinktur gewonnen. Für die großflächige Behandlung des Pferdes verwendet man vorzugsweise die Tinktur. Anistinktur (Tinctura Anisi) und Anisöl (Oleum Anisi) sind in der Apotheke erhältlich. Zubereitung: Tinktur wird 1 : 5 mit Wasser, das Öl 1 : 10 mit Lotion, Paraffin- oder Pflanzenöl vermengt. Sie können auch einen Aufguß herstellen, wobei Sie 4 Eßlöffel Anissamen (Fructus Anisi) mit 1 Liter kochendem Wasser übergießen und 30 Minuten ziehen lassen. Danach durch ein feines Sieb schütten. Anwendung: Vor dem Auftragen der jeweiligen Zubereitung durchkämmen Sie das Haarkleid des Pferdes gründlich mit einem kleingezinkten Fellkratzer. Die aufgetragene Flüssigkeit wird erst nach einem Tag wieder ausgespült. Je nach Witterung legt man dem Pferd eine Decke auf. Die Anwendung muß fünfmal, und zwar im Abstand von drei Tagen erfolgen.

– Allergiker sollten nicht mit Anis behandelt werden.

Anmerkung: Eine deutlich geringere Anfälligkeit gegen den Befall von Haarlingen und Läusen haben diejenigen Pferde, welche das ganze Jahr über ausgewogen ernährt werden. Bei Pferden in Offenstallhaltung ist die regelmäßige Pflege des langen, dichten Haarkleides von großer Bedeutung.

Hautpilze

Dort, wo Pilze sich ansiedeln, ernähren sie sich hauptsächlich von dem, was andere Lebensformen nicht verwerten können. Sie brauchen den richtigen Boden, um zu wachsen. Der in seiner Abwehr geschwächte Körper eines Pferdes bietet Hautpilzen nicht nur gute Wachstumsbedingungen, sie ernähren sich zudem von ihrem »Wirtsorganismus« und schwächen damit das Pferd zusätzlich.

Krankheitsauslösende Pilze können praktisch überall vorhanden sein und wohl ein jedes Pferd wird im Laufe seines Lebens mit ihnen konfrontiert. In der Haut des gesunden Organismus sorgen bestimmte Bakterien für normale Abwehrmechanismen und natürliche Schutzbedingungen. Werden die schützenden Funktionen der gesunden Bakterienbesiedelungen aus dem Gleichgewicht gebracht, haben schmarotzende Pilze die Möglichkeit, in die Haut einzudringen.

Bereits haftende Hautpilze können ihren Standort recht hartnäckig verteidigen – zudem bilden sie Sporen, die sich eine lange Zeit unbemerkt in der Haut und den Haaren aufhalten können. Dadurch, daß der Pferdeorganismus Antikörper bildet, kann eine Selbstheilung erfolgen, die unter Umständen eine kurz oder länger andauernde Immunität hinterläßt.

Krankheitszeichen: Häufig treten Hautpilzerkrankungen in den Wintermonaten und zur Zeit des Fellwechsels auf. Der Juckreiz kann mehr oder weniger stark ausgeprägt sein. Es erscheinen runde oder auch ovale Hautstellen, auf denen sich oft keine oder nur wenige abgebrochene Haare befinden. Meistens kann man weitere kleine Haarbüschel ablösen, die an ihrem unteren Ende mit einer weiß-gelblichen, wachsartigen Masse verklebt sind. Auf den haarlosen Hautpartien sieht man häufig Knötchen, Krusten und/oder Schuppen. Ein typisches Merkmal dieser Erkrankung ist, daß sich die verpilzten Hautstellen nach außen ausweiten, während sie im Zentrum allmählich verheilen und neue, anfangs spärliche Haare nachwachsen.

Heilpflanzentherapie: Vor Beginn einer Therapie steht immer die fachkundige Diagnose (Pilznachweis in den Harren mittels der sogenannten »Woodlampe« oder auch durch Hautgeschabsel und Haarprobe im Labor). Eine Behandlung mit Naturprodukten ist möglich und durchaus wirksam. Neben der äußeren Anwendung steht die durchdachte Zusammensetzung der Nahrung, das regelmäßige Zufüttern von ausgesuchten Kräutern und frischen Beigaben.

Kräutermischung

130 g Ackerschachtelhalm-Kraut
   (Herba Equiseti)
60 g Anis-Samen
   (pulverisiert – Apotheke)
   (Fructus Anisi)

HAUTPILZE

30 g Bockshornklee-Samen
  (*Semen Foenugraeci*)
100 g Brennessel-Kraut
  (*Herba Urticae*)
30 g Brennessel-Wurzel
  (*Radix Urticae*)
100 g Birken-Rinde
  (*Cortex Betulae*)
50 g Isländisch Moos
  (*Lichen islandicus*)
130 g Löwenzahnwurzel und Kraut
  (*Radix Taraxaci cum herba*)
100 g Quecken-Wurzel
  (*Rhizoma Graminis*)
100 g Salbei-Blätter
  (*Folia Salviae*)
100 g Schafgarben-Kraut
  (*Herba Millefolii*)

Die Kräuter in einer undurchsichtigen, Tüte oder einem verschließbaren Eimer gut vermengen. Wer Birkenzweige zufüttert, nimmt die Birkenrinde aus der Mischung. Tagesration in das Futter mengen; ausreichend Lebertran oder Leinsamenöl hinzufügen; außerdem Möhren, mäßig Äpfel, täglich 1 Bananenfrucht, 1 Eßlöffel leicht angetrocknete und zerkleinerte Blätter der krausen Petersilie sowie genügend Knoblauch (1–2 Eßlöffel Frischsaft oder 2–3 Zehen). Die zurückgeschnittenen Triebe vom Gartenbambus, der auch heute noch vielerorts wächst, sind für Pferde sehr gesund und schmackhaft! Sorgen Sie für die Zugabe von frischen Zweigen und Ästen: Birke, Buche, Eiche, Ulme, Weide, Apfel- oder Birnenbaum sowie Fichte.

– Leidet Ihr Pferd an einer Heustauballergie, dann sollten Sie Anis aus der Kräutermischung nehmen.

Hafer
Obwohl es heute zahlreiche Kraftfuttersorten gibt, darf nicht unerwähnt bleiben, daß angemessene Futtergaben von ganzem oder gequetschem Hafer einen guten Einfluß auf das Wohlbefinden der Pferde haben. Neben pflanzlichem Eiweiß, Fettstoffen, Lecithin und Kohlenhydraten enthält Hafer: die Vitamine A, B1, B2, B6, E sowie notwendige Mineralstoffe und Spurenelemente.

Echinacea
Die igelkopfförmige Echinacea stärkt die Abwehrkräfte. Sie kann von Tierärzten oder Heilpraktikern auch per Injektion verabreicht werden. Zur inneren Anwendung sind die Echinacea-Tropfen ein bewährtes Mittel (enthalten keinen Alkohol, sondern Lactose und Maisstärke). Da Pferde, trotz ihres Körpergewichtes, recht sensibel auf pflanzliche Substanzen reagieren, sollten Sie die »Dosierung für Jugendliche« in Betracht ziehen (siehe Beipackzettel-Gebrauchsinformation).

ÄUSSERLICHE ANWENDUNGEN
Echinacea-Salbe
Obwohl sie vorwiegend zur Wundbehandlung gebraucht und geschätzt wird, kann sie außerdem bei leichten Hautpilzerkrankungen sehr hilfreich

sein. Die Salbe muß häufiger und über einen längeren Zeitraum angewendet sowie gründlich auf und um die Hautpilzstelle gerieben werden. Zwischendurch nehmen Sie den Echinacea-Frischsaft, der mittels einer Kompresse (keine Watte) oder geeigneter Flasche aufgetragen wird. Der Frischsaft oder auch die Tropfen verdünnen Sie 1:2 mit Wasser. Die Kompresse nach dem Gebrauch vernichten und den Flaschenhals nicht direkt mit der Hautpartie in Berührung bringen.

Birkenteer

Birkenteer zeigt eine überraschend gute Wirkung bei Hautpilzerkrankungen. Er beschleunigt nicht nur die Verheilung, sondern offensichtlich auch das Wachstum der Haare! Das Birkenteer wird durch Trocken-Destillation aus dem Holz dieses Baumes gewonnen. Sie können es unter dem Namen Pix Betulina oder Oleum Rusci in der Apotheke bestellen (1–2 Tage). Zubereitung/Anwendung: Das üblicherweise in einer 300-ml-Flasche erhältliche Birkenteer lassen Sie an Ort und Stelle verdünnen: 1 Teil Birkenteer/6 Teile Glycerin. Das Aufbringen von purem Birkenteer zeigte eine deutlich raschere Wirkung, nur – muß es hier bei einer, zwei bis höchstens drei Anwendungen bleiben, die wahrscheinlich auch ausreichend sind (das Birkenteer sollte einige Tage einwirken und kann dann mit einer öligen, fettigen Substanz oder einem kleingezinkten Fellkratzer entfernt werden).

- Wenn Ihnen die Anwendung des zäh-klebrigen Gemisches widerstrebt, können Sie in der Apotheke eine Creme zubereiten lassen, die den entsprechenden Anteil Birkenteer enthält. Oder – Sie arbeiten das Holzteer selbst in eine Emulsion ein (z. B. Eucerin ohne Wasser).
- Birkenholzteer darf nicht auf blutige Wunden gelangen und bei trächtigen Stuten ist diese Anwendung vorsichtshalber zu unterlassen.

Knoblauch

Selbst von seiten der Wissenschaft wurde dem Knoblauch eine hemmende bis abtötende Wirkung auf das Wachstum von krankheitsauslösenden Pilzen zuerkannt. Um diese zu erreichen, müssen die Hautpartien zweimal am Tag mit purem Knoblauchfrischsaft oder 1:1 mit Wasser verdünnter Knoblauchtinktur (Tinctura Allii sativi) direkt eingesprüht werden. Das Zerstäuben erwies sich als wirkungsvoll, wobei Sie die Flüssigkeit auch mit einer Plastikflasche + Tülle auftragen können. Sehr gut hilfreich ist eine Kombination von Birkenteer/Glycerin (oder Creme) und Knoblauch. Den Flaschenhals nicht direkt auf die verpilzten Hautstellen halten und bei allen Anwendungen Einmalhandschuhe tragen!

- Kostengünstiger und fast ebenso verheilungsfördernd ist ein kräftiger Aufguß von zerteilten, noch besser, zerdrückten Knoblauchzehen (6 Zehen mit 1/8 Liter handwarmem Wasser und 1/8 Liter 30 %igem Alkohol über Nacht bei geschlossenem Deckel ziehen lassen. Dann kurz erwärmen, sogleich in eine Flasche füllen und gut verschließen).

Hinweis: Pilze bzw. ihre Sporen können sich überall aufhalten (z. B. Stalleinrichtungen, Einstreu, Putzzeug, Halfter, Sattel, Gurt, Decke, Handschuhe) – und weit über ein Jahr ansteckungsfähig bleiben. Menschen und Haustiere (in Stallnähe) können zum einen Hautpilze bzw. ihre Sporen übertragen und sich andererseits durch den Kontakt mit erkrankten Pferden anstecken! Daher wäre es unbedingt notwendig, daß bei allen äußeren Anwendungen Einmalhandschuhe getragen werden. Ausgefallene oder ausgekämmte Haare sollten Sie vernichten. Die Reinigung des Stalles (eventuell Neuanstrich) sowie die Waschung oder Desinfektion aller Ausrüstungs-Gegenstände sind wesentlich. Es gibt relativ milde Desinfektions-Mittel, die pilzabtötende Wirkstoffe beinhalten. Mit einer solchen Flüssigkeit tränken Sie einen großen Wattebausch und legen diesen, mitsamt allem Putzzeug, in eine Plastiktüte, die für einige Tage fest verschlossen wird.

Es wäre zu überlegen, ob man das erkrankte Pferd isoliert, das heißt, mit Sichtkontakt zu seinen Artgenossen in einem separaten Auslauf oder Stall unterbringt. Gerade bei einer größeren Pferdegemeinschaft kann diese Maßnahme – für die gesunden Pferde – sehr hilfreich sein.

Haarausfall

Haarausfall beim Pferd kann eine Folge- oder Begleiterscheinung von Stoffwechsel- und Verdauungsstörungen sowie fieberhaften Infekten, Veränderungen des Hormonhaushaltes und medikamentöser Therapien sein.

Die haarlosen Flecken können sich verschieden gestalten. Entweder erscheinen sie nur vereinzelt am Pferdekörper, oder es bilden sich zusammenhängende, mehr und weniger größere haarlose Flächen. Bei dieser Erkrankung besteht meistens kein Juckreiz; die nackte Haut ist weich und glatt. Oft wachsen die Haare wieder nach. Neben dem krankhaften Haarausfall gibt es weitere Erkrankungen, die nicht selten einen erheblichen Verlust der Mähnen-, Schweif- und Fellhaare zur Folge haben. – (Hierzu gehören z. B. Ekzeme, insbesondere das Sommerekzem, durch Hautpilze, Haarlinge und Läuse sowie Milben verursachte Erkrankungen.)

Heilpflanzentherapie: Sorgen Sie für eine durchdachte und ausgewogene Fütterung. In der Natur wachsen Heilpflanzen, die den gesamten Organismus des Pferdes günstig beeinflussen können. Unter anderem besitzen sie haarwuchsfördernde und den Haarboden kräftigende Eigenschaften.

HAARAUSFALL

Kräutermischung
200 g Ackerschachtelhalm-Kraut
   (genannt Zinnkraut)
   (Herba Equiseti)
100 g Brennessel-Kraut
   (Herba Urticae)
 50 g Brennessel-Wurzel
   (Radix Urticea)
100 g Birken-Rinde
   (Cortex Betulae)
100 g Frauenmantel-Kraut
   (Herba Alchemillae)
100 g Kletten-Wurzel
   (Radix Bardanae)
150 g Löwenzahnwurzel+Kraut
   (Radix Taraxaci cum herba)
100 g Schafgarben-Kraut
   (Herba Millefolii)
 80 g Wegwarten-Kraut
   (Herba Cichorii)

Die Kräuter in einer undurchsichtigen, großen Tüte oder einem Eimer gut vermischen. Tagesration in das Futter geben; genügend Lebertran oder Leinöl hinzufügen. Möhren, Äpfel und täglich eine feste Banane bereichern den Speiseplan. 1 Eßlöffel zerkleinerte krause Petersilie gehört unbedingt in diese Kräutermischung.

- Trächtige Stuten sollten Frauenmantel erst zwei Wochen vor dem Geburtstermin erhalten und vorsichtshalber keine Petersilie.
- Die hier angegebene Mischung folgt auf das Kräuterzufutter, welches unter den Abschnitten »Sommerekzem; Befall mit Haarlingen oder Läusen; Hautpilze« aufgeführt wurde.

Pferde, die an Sommerekzem leiden, können diese Mischung ab Mitte August erhalten. Da der Befall mit Haarlingen und Läusen sowie eine Hautpilzerkrankung häufig in der kalten Jahreszeit auftritt, bekommen die Pferde dieses Zufutter wahrscheinlich mit Beginn der Weidesaison. Wer über kräuterreiche Weiden verfügt, kann die tägliche Gabe halbieren.

<u>Dosierung:</u> Pferde (Gewicht über 500 kg) 50 g täglich. Pferde, Ponys (Gewicht unter 500 kg) 30–40 g täglich. Die Kräuter sollten mindestens 4–5 Monate zugefüttert werden.

<u>Bezugsquellen:</u> Apotheke, teilweise Reformhaus, biologischer Heilpflanzenanbau. <u>Erntezeiten</u> und weitere interessante Angaben finden Sie im »Kapitel der Heilpflanzen«.

ÄUSSERLICHE ANWENDUNGEN
Brennesselwurzel-Essig

Möglichst frische Brennesselwurzel verwenden. Diese werden Ende Sommer bis zum Spätherbst ausgegraben, gründlich gereinigt und zerteilt. Danach füllen Sie eine leere 1-Liter-Milchflasche (breite Öffnung) zu zwei Drittel voll Wurzelteile und übergießen randvoll Obst- oder Weinessig. Der Ansatz muß 2 Wochen an einem warmen Platz ziehen, wird nun abgesiebt und gründlich einmassiert. Statt Brennesselwurzel können Sie auch Blätter des Nesselgewächses nehmen und eventuell füllen Sie gleich mehrere Flaschen, da der Ansatz lange haltbar ist und zudem bei Juckreiz hilfreich sein kann.

Petersilie
Schnell und praktisch in der Herstellung sowie außerordentlich hilfreich ist ein Absud aus Petersilie: 1 Bund krause Petersilie waschen, mit 1 Liter Wasser 3 Minuten kochen und 15 Minuten ziehen lassen. Die Flüssigkeit durch ein feines Sieb schütten und abgekühlt auftragen. Länger haltbar wird der Absud, wenn Sie nur knapp 1 Liter Wasser zum Absieden verwenden und ein wenig Essig oder Alkohol hinzufügen. Oder Sie nehmen Petersilienfrischsaft, der mit Zusatz von etwas Essig haltbarer ist.

Klettenwurzel/Kalmuswurzel
Die Große Klette nennt man im Volksmund auch »Haarwuchswürze«. Sowohl das Klettenwurzelöl als auch der Aufguß aus Klettenwurzeln wirken harrwuchsfördernd. Das Öl (Oleum Bardanae) können Sie entweder pur (etwas kostspielig) oder 1:2 mit Olivenöl vermengt einmassieren. Die Zubereitung von Klettenwurzel (Radix Bardanae) erfolgt im Kaltansatz. Meine Empfehlung: Geben Sie 2 gehäufte Eßlöffel der Wurzeln (Apotheke) und 1 gehäuften Eßlöffel Kalmuswurzel (Rhizoma Calami) in 1 Liter kaltes Wasser und lassen den Ansatz über Nacht stehen (geschlossener Deckel). Dann bis zum Kochen bringen, etwa 15 Minuten ziehen lassen, absieben und abgekühlt mit geeigneter Flasche auftragen.

Ackerschachtelhalm/Zinnkraut
Eine einfache Methode ist die, daß Sie Zinnkrautfrischsaft (Reformhaus) auftragen und einmassieren. Dieser wird 1:1 bis 1:2 mit Wasser oder Essigwasser verdünnt und kann im Wechsel mit den genannten Anwendungsmöglichkeiten gebraucht werden.

Warzen

Warzen sind gutartige Wucherungen der Haut. Sie unterscheiden sich in ihrer Größe, Form und dem Aussehen. Es gilt heute als gesichert, daß Warzen durch bestimmte Viren hervorgerufen werden und daher auch ansteckend sein können. In medizinischen Lehrbüchern wird eine Ansteckungszeit von zwei bis achtzehn Monaten angegeben. Aber selbst innerhalb einer Herde übertragen sich Warzen nur selten von einem Pferd auf das andere.
Heilpflanzentherapie: Es ist durchaus möglich, daß Warzen jeder Therapie trotzen. Die sogenannten gewöhnlichen Warzen (Verrucae vulgares) kann man recht erfolgreich mit Heilpflanzen oder pflanzlichen Tinkturen behandeln.

Schöllkraut
Das von April bis September gold-gelbblühende Schöllkraut wächst an Wegrändern, Mauern oder Hecken. Knickt man den Stengel, quillt ein gelborange gefärbter Saft heraus. Zubereitung und Anwendung: Um eine Rückbildung zu

bewirken, muß die Warze möglichst dreimal täglich mit dem Pflanzensaft betupft werden. Auf der Warze eintrocknen lassen und häufiger wiederholen. Wer das Schöllkraut nicht frisch ernten kann, erhält auf Rezept die Schöllkraut-Tinktur (Tinctura Chelidonii). Diese wird pur auf die Warze getropft oder mit einer getränkten Mullkompresse aufgetragen.

Die genannten Anwendungen sind nur für den äußerlichen Gebrauch.

Knoblauch

Der vielseitige Knoblauch ist auch ein gutes Warzenmittel. Entweder reiben Sie die Warze mit einer frischen Knoblauchzehe ein oder verwenden eingelegten Knoblauch. Hierfür geben Sie drei Zehen durch die Presse und lassen die Masse in einer Tasse mit kaltem Wasser über Nacht ziehen. Mit dieser Flüssigkeit behandeln Sie die Warze sooft wie möglich.

Lebensbaum

Der immergrüne Lebensbaum (Thuja occidentalis) ist in Nordamerika heimisch und wird in Europa meistens angepflanzt. Die Tinktur, die man aus seinen frischen Zweigen mit Nadeln zu Beginn der Blüte gewinnt, gehört mit zu den bewährten Warzenmitteln für Mensch und Tier. Im Arzneihandel rezeptfrei bekommen Sie die Thuja-Tinktur (Tinctura Thujae) oder Thuja-Extern® (DHU). Beide Zubereitungsformen werden möglichst zweimal täglich, und zwar unverdünnt und über einen längeren Zeitraum, auf die Warze gebracht. Das Extern läßt sich tropfen; die Tinktur müßten Sie mit Watte oder ähnlichem auf und um die Warze reiben. Watte nach jedem Gebrauch vernichten! Nur äußerlich anwenden.

Kleine Wundversorgung

Mit einigen Kenntnissen können wir Pferdehalter kleine Wunden beim Pferd selbst versorgen. Vorausgesetzt – sie sind nicht allzu tief, nicht erheblich klaffend, stark blutend oder verunreinigt und befinden sich nicht an den Augen. Eine Wunde kann durch Stich, Schnitt, Riß, Quetschung oder Biß entstehen. Auch eine Hautabschürfung ist eine Wunde.

Eine normale Wundheilung kann sich auf zweierlei Weise gestalten. Die Ärzte sprechen hier von erster und zweiter Verheilung, bzw. Primär- und Sekundärheilung. Wenn die Wundränder glatt und scharf sind und sich fast unmittelbar berühren, heilt die Wunde durch erste Verheilung: Nach der Verletzung dringt aus dem beschädigten Gewebe eine helle Flüssigkeit (Lymphe) und aus den zerschnittenen Blutgefäßen gelangt Blut in die Wundspalte – die Wunde bedeckt sich mit Blutschorf. Er ist ein natürlicher Schutz und darf nicht entfernt werden!

Das Blut und die Gewebsflüssigkeit gerinnen, die geronnene Masse ver-

Wundversorgung

klebt und vereinigt die Wundränder. Die Wunde ist vorläufig geschlossen. Unter dem Schorf bildet sich allmählich neues Gewebe, die oberflächliche Verschorfung fällt ab und eine rote Narbe erscheint. Diese wird mit der Zeit weißlich und läßt sich schließlich nicht mehr von der Hautumgebung unterscheiden. Klaffen die Wundränder erheblich und sind nicht innerhalb von sechs Stunden fachgerecht vernäht oder die Wunde wurde unzweckmäßig behandelt – so kann keine erste Verheilung eintreten. Ohne tierärztliche Versorgung kann auch bei zerrissenen oder zerquetschten Wundrändern nur eine zweite Verheilung erfolgen. Hier tritt aus den verletzten Gewebsspalten Blut und Gewebsflüssigkeit aus, die durch Gerinnung eine dicke Kruste bilden. Die Wundhöhle ist von einem gallertartigen Überzug bedeckt. Die Wundränder werden rot und schwellen an. Nach wenigen Tagen schießen aus dem Boden der Wundhöhle kleine rote Knöpfchen hervor. Allmählich fließen sie zusammen und überziehen den gesamten Boden mit einem »eiterähnlichen« Schleim – dem Granulationsgewebe. Dieser Überzug bietet einen natürlichen Schutz gegen eindringende Keime. Nun werden die nicht lebensfähigen Gewebeteilchen abgestoßen und mit der schleimigen Wundflüssigkeit aus der Wunde geschwemmt. Schließlich bildet sich aus dem Granulationsgewebe eine etwas vertiefte – Narbe.

Hinweis: Überprüfen Sie, ob das Pferd ausreichend gegen Tetanus (Wundstarrkrampf) geimpft ist. Die Tetanuserreger befinden sich unter anderem im Kot der Pferde, Rinder und im Erdreich. Selbst in der kleinsten Wunde können die Erreger Giftstoffe freisetzen, sogenannte Tetanustoxine, die den Wundstarrkrampf hervorrufen. Diese Erkrankung überlebt ein Pferd nur selten.

Die Wunde sollte behutsam nach Holzsplittern, kleinen Steinen und weiteren Fremdkörpern abgesucht werden.

Heilpflanzentherapie: Mit Heilpflanzen, pflanzlichen Tinkturen und Salben kann man eine ausgezeichnete Wundheilung erzielen.

<u>Wundreinigende Pflanzen:</u> (antiseptisch = Hemmung oder Vernichtung von Bakterienbesiedelung) das Johanniskraut, die Kamille, der Knoblauch, die Ringelblume, der Salbei.

<u>Wundzusammenziehende Pflanzen:</u> (adstringierend) die Arnika, das Gänseblümchen, das Hirtentäschel, der Knoblauch, das Johanniskraut, die Ringelblume, der Spitzwegerich.

<u>Entzündungshemmende Pflanzen:</u> (antiphlogistisch) die Arnika, die Echinacea, die Kamille, der Knoblauch, der Salbei.

<u>Wundverheilungsfördernde Pflanzen:</u> Die Arnika, der Breit- und Spitzwegerich, die Echinacea, das Johanniskraut, die Kamille, der Knoblauch, die Ringelblume.

<u>Wunden, die schlecht verheilen</u> (unzureichende Granulationsbildung): Die Arnika, die Echinacea, die Ringelblume, der Spitzwegerich.

ZUBEREITUNGEN/ANWENDUNGEN
Arnika
Für die Wundversorgung können Sie sehr gut die Arnika-Tinktur (Tinctura Arnicae) verwenden. Diese ist in jeder Apotheke erhältlich und wird mindestens 1 : 10 mit abgekochtem Wasser verdünnt. Entweder einen kurzweiligen Umschlag machen oder Sie halten die Kompresse für einige Minuten auf die unblutige Wunde.

Hinweis: Arnika-Tinktur darf nicht auf offene Hautwunden gelangen und nur äußerlich angewendet werden.

- Hervorragend bei schlecht heilenden Verletzungen aller Art.

Echinacea
Echinacea, die schmalblättrige oder purpurfarbene Kegelblume, ist ein großartiges Wundmittel. Sehr zuverlässig wirkt die Echinacea-Salbe, die zweimal täglich aufgetragen werden kann. Gegebenenfalls folgt ein luftdurchlässiger, gut gepolsterter Verband. Wer die Echinacea-Tropfen oder den Preßsaft (Frischsaft) verwenden möchte, verdünnt diese jeweils 1 : 3 mit abgekochtem Wasser. Entweder als kurzzeitigen Umschlag oder Mullkompresse auftragen. Die Anwendungen können häufiger wiederholt werden.

- Äußerst empfehlenswert, besonders bei schlechter Wundheilung.

Gänseblümchen
Diese hübsche kleine Pflanze besitzt erstaunliche Heilkräfte. Folgende Anwendungsmöglichkeiten stehen zur Verfügung: der Aufguß, die Tinktur (Tinctura Bellidis per ennis), das sogenannte Bellis-Extern® und zur Blütezeit ein frischer Blätterumschlag. Für den Aufguß: 3 Eßlöffel blühendes, zerkleinertes Kraut (oder Apotheke/Flores et Folia Bellidis) mit ½ Liter gut heißem Wasser übergießen; 15 Minuten ziehen lassen und durch ein feines Sieb gießen. Die Tinktur sowie Bellis-Extern werden 1 : 10 mit abgekochtem Wasser verdünnt. Als kurzzeitiger Umschlag oder zum Auftragen mit einer Mullkompresse.

- Besonders hilfreich bei gequetschten Wunden.

Hirtentäschel
Neben seiner zusammenziehenden Wirkungsweise besitzt das Hirtentäschel vorzüglich blutstillende Eigenschaften. Es wächst fast überall und kann von April bis September geerntet werden. Für den Aufguß: 2 Eßlöffel frisches Kraut (oder Fachhandel/Herba Bursae pastoris) übergießen Sie mit ½ Liter kochendem Wasser, lassen 5 Minuten ziehen und sieben ab. Auch der pure Frischsaft wirkt zuverlässig. Als kurzzeitigen Umschlag oder zum Auftragen.

- Beachtlich blutstillend.

Johanniskraut
Das Johanniskraut hat zahlreiche wundheilende Eigenschaften. Für die Wundbehandlung verwenden Sie vorzugsweise das Johanniskrautöl (Oleum Hyperici). Man gibt es unverdünnt auf

die Wunde und kann, wenn nötig, daraufhin einen gutgepolsterten und luftdurchlässigen Verband anlegen. Außer bei frischen Wunden, wo der Verband meistens zwei bis drei Tage ruhen soll, wiederholt man die Anwendung von Johanniskraut möglichst täglich.
- Sehr wirksam bei Schnitt- und Stichwunden.

Kamille
Die Echte Kamille ist mit eines der bekanntesten Wundmittel. Man kann sie auf verschiedene Weise anwenden. Zum einen gibt es den Kamillenextrakt, der zum größten Teil aus Kamillenblüten gewonnen wird, zweitens das sogenannte Kamillen-Bad (beide im Arzneihandel) und drittens den Kamillen-Aufguß: Hierfür übergießen Sie einen gestrichenen Eßlöffel Kamillenblüten (Flores Chamomillae) mit 1/4 Liter kochendem Wasser. 5 Minuten ziehen lassen, dann durch ein feines Sieb gießen. Alle Anwendungsmöglichkeiten eignen sich am besten für Waschungen, die häufiger wiederholt werden müßten.
- Reinigende Wirkung, fördert die Wundheilung.

Knoblauch
Der Knoblauch enthält Wirkstoffe, die ihn zu einem beachtenswerten Wundreinigungsmittel machen. Die teure, aber sehr nützliche Knoblauch-Tinktur (Tinctura Allii sativi) wird 1:4 mit abgekochtem Wasser verdünnt, wobei Sie möglichst nur soviel vermengen, wie gerade nötig. Die Tinktur ist jahrelang haltbar. Sie können Sie auch herstellen: 40 g Knoblauchzehen in ein verschließbares Glas geben und diese mit 100 ml 80–90prozentigem Alkohol übergießen. Den Ansatz häufiger schütteln, 2 Wochen bei Zimmertemperatur ziehen lassen und absieben. Immer vor dem Gebrauch schütteln Sie das Glas kräftig und verdünnen 1:4 mit Wasser. Entweder mit einer Kompresse auftragen oder mit einem sauberen Haushaltsprüher fein zerstäuben.
- Sehr wirkungsvoll zur Desinfektion.

Ringelblume
Als Wundmittel konkurriert sie ein wenig mit Arnika und Echinacea. Um Ringelblumensalbe fachgerecht herzustellen, braucht man einige Zeit. Daher wäre der Ankauf von Calendula-Salbe empfehlenswert. Aus den frischen oder getrockneten Blüten können Sie einen Aufguß oder eine Tinktur zubereiten, wobei es Calendula-Extern auch im Handel gibt (1:10 mit Wasser verdünnen). Für den Aufguß: 1 Eßlöffel der Blüten (Flores Calendulae) oder 2 frische Blüten mit 1/2 Liter Wasser 3 Minuten kochen lassen; dann absieben. Für die Tinktur: 1 gute Handvoll frischer Blüten in ein verschließbares Gefäß geben und diese mit einem 1/2 Liter 30–40prozentigem Alkohol übergießen. 2 Wochen an warmer Stelle ziehen lassen, absieben und vor dem Gebrauch 1:10 mit abgekochtem

Wasser verdünnen. Mit Kompresse auftragen oder als kurzweiligen Umschlag zur wiederholten Anwendung.
- Besonderes Mittel für Quetschwunden.

Salbei

Der Salbei ist nicht nur ein beliebtes Gewürzkraut, sondern vorwiegend eine großartige Heilpflanze.

Für die Wundversorgung eignet sich einerseits die Salbei-Tinktur (Tinctura Salvinae), die vor dem Auftragen 1:2 mit abgekochtem Wasser verdünnt wird. Zudem ist auch der Aufguß wirkungsvoll: 2 Eßlöffel frische oder getrocknete Salbeiblätter (Folia Salviae) mit ½ Liter kochendem Wasser übergießen und 15 Minuten ziehen lassen. Danach durch ein feines Sieb schütten. Als Umschlag oder zum Angießen eines bestehenden Verbandes verwendbar.
- Fördert beachtlich die Wundheilung und wirkt hautstärkend.

Breit- und Spitzwegerich

Wenn eine Wunde schlecht heilt, sind beide Wegericharten hilfreich. Nützlich und schadlos ist der Wegerich-Frischsaft, der unverdünnt auf die Wunde gebracht werden kann. An den Stellen, wo bei Ihrem Pferd ein Verband Halt findet, können Sie auch einen frischen Blätterumschlag machen. Nur muß er häufiger wiederholt werden. Auf diese einfache Weise konnte schon manche ältere Wunde verheilen.

- Sehr hilfreich bei Wunden, die schlecht verheilen.

Erntezeiten und weitere interessante Angaben entnehmen Sie dem »Kapitel der Heilpflanzen«.

Bezugsquellen der Kräuter: Apotheke, teilweise Reformhaus, biologischer Heilpflanzenanbau.

Anmerkung: In diesem Abschnitt der »Kleinen Wundversorgung« finden Sie eine Auswahl von Heilpflanzen, die ich Ihnen zur Behandlung des Pferdes besonders empfehlen möchte. Darüber darf nicht vergessen werden, daß es noch zahlreiche Kräuter gibt, die wunderheilende Eigenschaften besitzen. Einige, wie z. B. der Beinwell, der Frauenmantel, die Schafgarbe, das Wilde Stiefmütterchen, der Odermennig, der Vogelknöterich und die Weide, wachsen vielleicht sogar in der Nähe Ihres Pferdes.

Vorbeugende Maßnahmen: Selbstverständlich lassen sich Verletzungen beim Pferd nicht immer verhindern. Aber wir können vorbeugende Maßnahmen ergreifen und von Zeit zu Zeit den Stall, Auslauf, die Weide, Zäune, Ausrüstungsgegenstände, ja, selbst die Hufeisen kontrollieren:
- die Boxen- und Offenstallwände
  vorstehende Nägel, Schrauben, Haken, Holzsplitter;
  unzureichend befestigte Stromkabel, Schalter, Leuchten, Futterkrippen, Salzlecksteinhalter, Tränken;
  überstehende Türverriegelungen und Scharniere;

Satteldruck

Trennwände (zu hohe Bodenabstände).
- den Stall-, Paddockboden und die Weidefläche
Fremdkörper in der Einstreu, ungenügende Einstreu (Druckstellen), Holzsplitter; Nägel, Schrauben, Werkzeug, große Holz- und Eisenteile, Draht (!), sichere Einzäunung, Elektrozaun. Vorsicht bei Stacheldraht!
- die Hufeisen

Satteldruck

Die exakte Sattelanpassung erfordert viel Erfahrung und ein geschultes Auge. Auch ältere Sättel gehören zwecks Aufpolsterung von Zeit zu Zeit in fachkundige Hände. Dies ist besonders wichtig, wenn sich das Gewicht und die Bemuskelung des Pferdes durch Training, Krankheit oder Alter verändert hat.

Vorsorglich überprüft man, ob die Woll- oder Chemiefasereinlage des Sattels keine festen, kleinen Klumpen aufweist – sie können dem Pferd erhebliche Schmerzen verursachen. Zudem muß die Sattellage des Pferdes gut gepflegt und auf eventuelle Schäden untersucht werden. Die Satteldecke darf keine Falten werfen und auch der Sattelgurt (Leder- bzw. Schnurgurt) sollte aus einem geeigneten Material bestehen. Die Sattellage wird aber vor allem durch die Winkelung der Schulter und die Ausprägung des Widerristes beeinflußt.

Ein schlecht angepaßter oder/und unzureichend nachgepolsterter Sattel führt zu einer verstärkten, örtlichen Druckbelastung der Sattellage. Meistens äußert das Pferd bereits beim Satteln und letztendlich beim Aufsitzen seinen Schmerz, indem es beispielsweise auffällig zur Seite tritt, beißt, schlägt und vieles mehr. Bei fortgesetztem Druck kann sich ein Ödem (Flüssigkeitsaustritt in das Gewebe) oder ein Hämatom (Einblutung unter die Haut oder in die

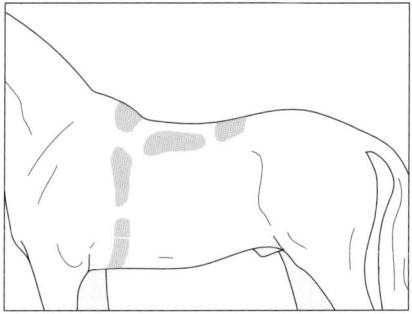

Mögliche Stellen für Satteldruck

Muskelpartie) bilden. Wird nun die beschädigte Sattellage des Pferdes weiterhin belastet, werden die versorgenden Blutgefäße zusammengepreßt, so daß eine Unterversorgung des Gewebes mit Sauerstoff entsteht, der sonst mit dem Blut zugeführt wird. Zellen, die nicht genügend Sauerstoff erhalten, zerfallen, und es entsteht eine sogenannte Nekrose.

Wird das Pferd aus Rücksichtslosigkeit oder auch Unachtsamkeit erneut gesattelt, dehnt sich der Gewebszerfall auf die Muskulatur und die Haut aus, bis eventuell tiefe offene Geschwüre entstehen. Durch zusätzliche Wundinfektion kann der Verlauf weiterhin verschlechtert werden.

Heilpflanzentherapie: Satteldruckstellen entstehen meistens auf und um den Widerrist, am Rücken zu beiden Seiten der Wirbelsäule und unter dem hinteren Sattelrand. Blutergüsse und Schwellungen können mit pflanzlichen Mitteln wirksam behandelt werden. Hingegen gehören Geschwüre und infizierte Wunden in tierärztliche Behandlung.

Arnika

Arnika ist ein erstklassiges Mittel für Blutergüsse (!) und Schwellungen. Die Arnika-Tinktur (Tinctura Arnicae) bekommen Sie wohl in jeder Apotheke. Geben Sie die 1 : 10 mit abgekochtem Wasser verdünnte Tinktur in eine Schüssel oder einen Eimer und durchtränken ein sauberes Handtuch. Das ausgewrungene Handtuch legen Sie nun auf die Satteldruckstelle. Bei mehreren Druckstellen werden zwei Handtücher nötig sein. Der Umschlag sollte eine halbe Stunde liegen bleiben. Vorzugsweise bleibt das Pferd während der Zeit angebunden. Machen Sie den Umschlag möglichst zweimal am Tag, für die Dauer von etwa vier bis sechs Tagen. Sollten sich auf der Haut Bläschen bilden (Kontaktallergie), brechen Sie die Therapie sofort ab und wählen ein anderes Pflanzenpräparat.

- Arnika nie auf offene Wunden geben.
- Anschließend an diese Therapie kann eine Salbe oder Heilpackung folgen (Beinwell, Ringelblume, Heilerde), die bis zum nächsten Tag auf der Satteldruckstelle bleibt.

Beinwell

Es gibt Fertigpräparate aus der Wurzel des Beinwell (Symphytum officinale), die außerordentlich wirksam sind. Sie können aber auch einen Aufguß von Beinwellwurzel oder Breiumschlag aus der frischen Beinwellwurzel herstellen und anwenden. Zubereitung/Anwendung: In der Apotheke bekommen Sie Symphytum-Extern® oder die Tinctura Symphyti. Beide Zubereitungsformen werden 1 : 5 mit Wasser verdünnt! Entweder legen Sie für ½ Stunde ein getränktes Baumwolltuch auf die Druckstelle bzw. machen einen kurzzeitigen Verband, oder Sie reiben die betroffene Hautpartie gründlich ein. Praktisch ist die Verwendung einer Beinwell-Salbe (Commonfrey-Salbe®, P.W.), wobei diese sicher nicht so tief in die Haut dringt wie eine verdünnte Tinktur. Für den Aufguß: 80 g getrocknete Beinwellwurzel (Radix Symphyti) mit ¼ Liter 5 Minuten kochen, 15 Minuten ziehen lassen, absieben und wie oben beschrieben – 1- bis 2mal täglich – anwenden.

- Symphytum darf nicht auf offene Wunden gelangen und möglichst nicht länger als 4 bis 5 Wochen gebraucht werden.

Ringelblume
Sie ist nicht nur ein bewährtes Heilmittel für offene Wunden, sondern vor allen Dingen bei Quetschungen. Als Fertigpräparate stehen Ihnen und Ihrem Pferd die Tinktur (Tinctura Calendulae), Calendula-Extern® oder eine Calendula-Salbe zur Verfügung. Für Umschläge oder Einreibungen verdünnen Sie die Tinktur oder das Extern 1 : 8 mit Wasser. Die Salbe kann auf die feuchten Anwendungen folgen. Eine gute Behandlungsmöglichkeit ist, wenn Sie einmal am Tag einen Umschlag auflegen (Arnika oder Symphytum oder Calendula oder Melisse/Salbei) und danach eine Heilpackung auftragen.

Melisse/Salbei
Als Heilmittel für Blutergüsse bzw. gequetschte Hautpartien ist die zarte Melisse heute weniger bekannt – doch ergibt sie gemeinsam mit Salbei eine sehr hautverträgliche und hilfreiche Anwendung. Der Echte Salbei wirkt entzündungshemmend und stärkt auf schönste Weise die Spannkraft der Haut. Praktisch ist der Gebrauch von Tinkturen: Melisse (Tinctura Melissae) und Salbei (Tinctura Salviae), die zu gleichen Teilen vermengt und dann 1 : 2 mit Wasser verdünnt werden. Tägliche Umschläge oder Waschungen sind gleichermaßen wirksam, wobei OSie für die akute Phase immer zuerst Arnika, Calendula oder Symphytum wählen sollten. Aus Melissen-Blättern (Folia Melissae) und Salbei-Blättern (Folia Salviae) können Sie einen kräftigen und zugleich kostengünstigen Aufguß herstellen, der wie oben beschrieben aufgetragen wird.

Heilerde Nr. 2
Die Heilerde kühlt und nimmt die Schwellung. Zudem ist sie für das Pferd schadlos und kann den ganzen Tag auf der geschwollenen Hautpartie bleiben. Heilerde wird mit 9 Teilen Wasser und 1 Teil Essig zu einem streichfesten Brei angerührt. Da die Erde nicht viel Feuchtigkeit aufnimmt, versuchen Sie es erst mit wenig Flüssigkeit. Tragen Sie den Brei direkt auf die Schwellung auf. Wenn die Heilerde eingetrocknet ist, was schon nach wenigen Stunden der Fall sein wird, läßt sie sich problemlos ausbürsten. Die Heilerdepackung erfolgt nur im Wechsel mit den genannten Tinktur-Umschlägen. – Statt Essig können Sie auch Salbei-Tinktur oder Calendula-Extern verwenden. Heilerde eignet sich nur für leichte Schwellungen bei intakter Haut.

Bockshornkleesamen
Der Samen dieser altgeschätzten Heilpflanze wirkt entzündungshemmend, erweichend, aufsaugend und reinigend. In früheren Zeiten wurde der Bockshornklee sehr gelobt und kam wahrscheinlich deshalb in Vergessenheit, da seine Samen einen recht eigentümlichen Geruch haben (erinnert an Curry). Bockshornkleesamen (Semen Foenugraeci), die in der Apotheke

erhältlich sind, werden mit kochendem Wasser zu einem Brei verrührt. Anschließend tragen Sie den lauwarmen Brei auf, lassen ihn eine Stunde einwirken und spülen ihn mit Wasser ab. Bockshornklee ist für Pferde ungiftig. – Aufgrund seiner Wirkungsweise ist Bockshornkleesamen ein gutes Mittel bei Knötchenbildung in der Sattellage.
Hinweis: Nach Dr. H. Wolter ist die 1 : 3 bis 1 : 5 mit Wasser verdünnte Echinacea (Echinacea-Extern®, DHU) eine ausgezeichnete und bewährte Anwendung bei Widerristschäden.

Der Bewegungsapparat

Muskeln, Sehnen

Das Stützgerüst des Pferdekörpers bilden die Knochen. An seiner Oberfläche ist der Knochen mit Knochenhaut überzogen. Diese Haut besteht aus zwei Schichten: die erste, oberflächliche Schicht ist reich an Gefäßen und Nerven, die durch feine Kanäle und Öffnungen in das Knocheninnere dringen und den Knochen ernähren. Die innere, tiefe Schicht ist reich an Zellen und hat die Fähigkeit, Knochen zu bilden. Die Gelenkflächen sind nicht mit Knochenhaut bekleidet, sondern mit Knorpel.

Knochen sind auf zweierlei Weise miteinander verbunden. Zum einen als sogenannte feste Verbindung, bei der die Knochen durch Bänder, Knorpel oder Knochengewebe miteinander verbunden sind und zum anderen als bewegliche Verbindung – die Gelenk genannt wird. Das Gelenk verbindet zwei oder mehrere Knochen. Die verschieden beweglichen Gelenke sind mit einer Gelenkkapsel umhüllt, deren Innenschicht die Gelenkflüssigkeit (Gelenkschmiere) bildet.

Die willkürlichen Muskeln bedecken das Knochengerüst und bestimmen zum großen Teil die äußere Körperform. Sie sind die aktiven, die Knochen die passiven Bewegungsorgane. Alle stärkeren Muskeln bestehen aus gröberen und kleinen Bündeln. In den kleinen, gebündelten Muskelsträngen befinden sich feine, dünne Fäden – die Muskelfasern.

Die besondere Eigenschaft des Muskels ist die Fähigkeit, sich zusammenzuziehen, das heißt, er kann sich unter gewissen Einflüssen verkürzen und unter normalen Umständen wieder in den ursprünglichen Zustand zurückkehren. Die Muskeln werden von inneren und äußeren Reizen beeinflußt. Zu den inneren Reizen gehört die willentliche Botschaft, die den Muskeln durch die Nerven übermittelt wird. Zu den äußeren Reizen zählen mechanische (Druck, Stoß, Quetschung, Zerrung), elektrische und chemische Einwirkungen. Wenn sich der Muskel zusammenzieht und verkürzt, wird er zugleich dicker.

In ihrer Arbeitsleistung ähneln die Muskeln vollkommenen »Kraftmaschinen«. Sie nutzen den bei ihrer Tätigkeit verbrauchten Stoff ohne große Verluste aus. Außer dem Sauerstoff liefert das Blut Stoffe, die zum Aufbau der Muskelsubstanz und der Kraftentfaltung notwendig sind. Eine gute Muskelentwicklung beim Pferd wird ganz wesentlich durch sinnvollen Trainingsaufbau, korrekte Reitweise und ausgewogene Fütterung beeinflußt. Eine Überbeanspruchung kann zu Muskelverspannungen bis hin zu Sehnenschäden führen.

Zur Oberfläche des Pferdekörpers hinweisend sind die Muskelschichten von einer Sehnenhaut überzogen. Die Muskeln selbst sind fast ausnahmslos mit glänzenden Strängen oder Häuten verbunden – den <u>Sehnen</u> oder <u>Sehnenhäuten</u>. Diese ermöglichen nicht nur, daß mehrere Muskeln an einem Punkt zugleich ihren Ursprung haben, sondern auch an ein und demselben Punkt zu gleicher Zeit ansetzen können.

An Mittelfuß und Zehe des Pferdes befinden sich keine Muskeln, sondern nur noch Sehnen, die aus zahlreichen kleinen Fasern bestehen und einem Stahlseil ähneln. <u>Sehnen sind außerordentlich zugfest, hingegen eher empfindlich gegen Druck.</u> Die <u>Sehnenscheiden</u> umhüllen die Sehnen röhrenförmig und enthalten eine schlüpfrige Flüssigkeit, die den Sehnen eine freie und leicht gleitende Bewegung ermöglicht. Im Gegensatz zu Muskeln werden Sehnen nur spärlich durch Blutgefäße versorgt. Daher heilen Sehnenverletzungen deutlich langsamer als beschädigte Muskeln.

Ermüdung von Sehnen

Körperlich überanstrengte Pferde neigen vermehrt zu Sehnenschäden. Beispielsweise können nach stunden- bis tagelangen Ritten die Sehnen »ermüden«, insbesondere dann, wenn man Pferde plötzlich und ausdauernd beansprucht oder unzureichend auf Tagesritte vorbereitet. Sicherlich bleibt auch ein stetes »Reiten auf der Vorhand« nicht ohne Folgen. Auch ungewohntes Reitgelände, z. B. wechselnde Bodenbeschaffenheit kann die Sehnen des Pferdes strapazieren.

Nach Überanstrengung oder in der Folgezeit können die Beugesehnen spürbar anschwellen, zudem erwärmt und druckempfindlich sein. Daher ist nach jedem strapaziösen Ritt, selbst Stunden später, eine Kontrolle notwendig. Besteht der Verdacht einer Sehnenschädigung, sollte das Pferd sofort geschont und ruhiggestellt werden.

Heilpflanzentherapie und Homöopathie: Bei Erkrankungen des Bewegungsapparates hat sich eine äußerliche Behandlung mit Heilpflanzen und die gleichzeitige Eingabe homöopathischer Mittel sehr gut bewährt. – Vor jeder der genannten Therapien steht immer die fachkundige Diagnose.

ÄUßERLICHE BEHANDLUNG
Arnika

Für überanstrengte, geschwollene Sehnen ist Arnika ein unentbehrliches Mittel.

Ermüdung von Sehnen

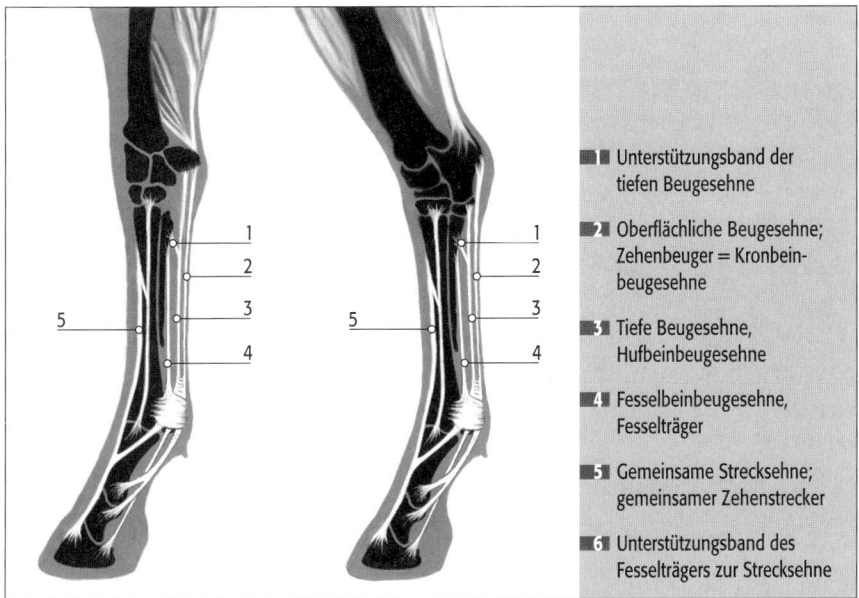

1. Unterstützungsband der tiefen Beugesehne
2. Oberflächliche Beugesehne; Zehenbeuger = Kronbeinbeugesehne
3. Tiefe Beugesehne, Hufbeinbeugesehne
4. Fesselbeinbeugesehne, Fesselträger
5. Gemeinsame Strecksehne; gemeinsamer Zehenstrecker
6. Unterstützungsband des Fesselträgers zur Strecksehne

Sehnen der Vorder- und Hintergliedmaßen, die häufig betroffen sind.

Arnika-Tinktur (Tinctura Arnicae), die Sie in jeder Apotheke bekommen, wird 1 : 8 bis 1 : 10 mit Wasser verdünnt. Nun tauchen Sie ein festes Baumwollhandtuch in die Lösung und umwickeln großflächig die betroffene Sehnenpartie. Der Umschlag sollte ½ bis 1 Stunde belassen werden, und für diese Zeitspanne reicht es, wenn Sie ihn mit einer elastischen Binde locker fixieren. Am besten eignet sich dazu eine breite Wollbandage. Bei Anguß-Verbänden sorgen Sie für eine ausreichende Polsterung, z. B. mit Watte oder wattierter Baumwolle (Bandamull®, Krämer).

Diese Anwendung können Sie zweimal täglich wiederholen, und zwar nach den Kaltwasser-Güssen.

Auch gut wirksam sind Umschläge mit Arnikablüten-Aufguß. Hierfür übergießen Sie 40 g getrocknete Arnikablüten (Flores Arnicae) mit ½ Liter kochender Flüssigkeit (¼ Liter Wasser + ¼ Liter Weinessig), lassen 5 Minuten ziehen, sieben ab und verwenden den Aufguß abgekühlt.

- Angeraten wird, daß das Pferd drei Tage absolut ruhig gehalten und anschließend täglich in schonendem Schrittempo geführt wird. Für die Dauer der Erkrankung sollte man dem Pferd eine Box, abgegrenzten Paddock oder Weideplatz (am besten mit ruhigem Gesellschaftspferd) zur Verfügung tellen.

Sehnenentzündung

Homöopathische Arzneien

Bei einer akuten Überanstrengung hilft Arnica C30, 1mal am Tag 10 Streukügelchen (Globuli), und zwar nur über drei Tage! Die Globuli werden direkt in das Maul geschoben oder eventuell vorab in ein Apfelviertel gedrückt, wobei dieses umgehend zu verfüttern ist.

Liegen die auslösenden Ursachen länger zurück (etwa 1–2 Wochen) käme Rhus toxicodendron in Frage (Giftsumach, nordamerikanischer Strauch, hierzulande kultiviert, zur Herstellung werden die frischen Blätter verwendet). Rhus toxicodendron ist dann angezeigt, wenn das geführte Pferd im Anfang der Bewegung lahm geht, es im langsamen Gehen besser auftreten kann, jedoch bei fortgesetzter Bewegung wieder lahmt. Zudem können manche Pferde, trotz des genannten schmerzhaften Lahmgehens und der täglichen Spaziergänge, eine eher unverständliche Bewegungsfreude zeigen. Zuweilen tritt diese im Zustand der Ruhe oder während des Führens auf, so daß man irrtümlicherweise annehmen könnte, dem Pferd ginge es deutlich besser. Die Symptome von Rhus tox. und Bryonia lassen sich zuweilen schwer unterscheiden. Hingegen finden Pferde, die Ruta brauchen, meistens sowohl in Ruhe als auch während des Führens keine Linderung ihrer schmerzhaften Beschwerden.

- Rhus toxicodendron C30 gibt man drei Tage, 1mal täglich 10 Streukügelchen; direkt in das Maul.

Sehnenentzündung

Die Sehnenentzündung entsteht häufig durch eine mechanische Sehnenverletzung (Überdehnung, Zerrung, auch Schlagverletzung, seltener durch zu feste Bandagierung). Hierbei kann es zu einem Riß der Sehnenhülle oder der Faserbündel kommen. Als Ursachen werden häufig genannt: Fortgesetzte Bewegung eines Reitpferdes mit bereits übermüdeten Sehnen; Überanstrengung von Reit-, Galopp- und Springpferden (z. B. reiterliche Einwirkung, abrupte Paraden; Vorhandbelastung, Landen nach dem Sprung, Reiten in tiefen Böden, Sturz, Transportverletzungen). Es können betroffen sein: Kronbeinbeugesehne, Hufbeinbeugesehne, Fesselträger und Strecksehne.

Eine Sehnenentzündung äußert sich in Schwellung, Erwärmung, Druckschmerz und mittel- bis hochgradiger Lahmheit. Das Pferd muß umgehend in einer Box, abgegrenztem Paddock oder Weideplatz untergebracht werden (eventuell mit einem ruhigen Gesellschaftspferd).

Sehnenscheidenentzündung

Als Ursache einer Sehnenscheidenentzündung gelten Zerrung, Dehnung, Schlag, Quetschung, anhaltender Druck. Häufig handelt es sich um eine Sehnenentzündung, bei der auch die Sehnenscheide in Mitleidenschaft gezogen wird.

Sehnenscheidenentzündung

Eine Sehnenscheidenentzündung ist durch eine eher abgegrenzte Anschwellung zu erkennen. Der Grund ist die vermehrte Produktion und Ansammlung der Sehnenscheidenflüssigkeit (Synovialflüssigkeit). Die Lahmheit des Pferdes kann bei dieser Erkrankung unterschiedlich stark ausgeprägt sein. Die chronische Sehnenscheidenentzündung entsteht häufig aus einer akuten Entzündung. Sie kann sich aber auch schleichend entwickeln. Dabei kommt es zu einer Schwellung im Bereich der Sehnenscheide, die sich in eine derbe Hülle verwandelt und nur mäßig druckschmerzhaft ist. Unter Umständen kann die Lahmheit des Pferdes erst nach kurz- bis langfristiger Belastung sichtbar werden.

- Bei Gangunregelmäßigkeiten beziehungsweise Lahmheit des Pferdes ist umgehend der Tierarzt zu benachrichtigen. Bis zur Diagnosestellung muß das Pferd absolut ruhig gehalten werden. Die genannten Anwendungen könnten in Zusammenarbeit mit dem Tierarzt erfolgen.

Arnika

Die äußere Anwendung von Arnika ist in den ersten fünf Tagen einer akuten Entzündung der Sehnen und Sehnenscheiden oder als Zwischenmittel bei einer chronischen Sehnenverletzung immer angezeigt. Unter dem Abschnitt »Übermüdung der Sehnen« finden Sie die Behandlungsmethode mit 1 : 10 verdünnter Arnika-Tinktur. Die Umschläge sollten Sie möglichst zweimal täglich, und zwar über fünf Tage anwenden. Danach beginnen Sie mit Beinwell und Ruta-Extern (im Wechsel).

- Arnika darf nicht auf offene Wunden gelangen.

Beinwell

Der Beinwell (Symphytum officinale) bietet zuverlässige Hilfe bei Verletzungen der Muskeln, Sehnen und Gelenke sowie nach Knochenbrüchen. Am besten kaufen Sie in der Apotheke Symphytum-Extern® (DHU oder Beinwellwurzel-Tinktur (Tinctura Symphyti)

- Verdünnen Sie 1 : 8 mit Wasser, tränken ein größeres Baumwolltuch und umwickeln die beschädigte Sehnenpartie großflächig. Der Umschlag bleibt 1/2 bis 1 Stunde liegen und kann für diese Zeit mit einer locker gewickelten Binde fixiert werden. Die feuchten Wickel werden möglichst zweimal täglich und im Wechsel mit Ruta-Extern® angewandt.

Ganz hervorragend wirkt der frische Pflanzenbrei aus Beinwellwurzel – vorausgesetzt, Beinwell wächst auf Ihrer Wiese oder auf einem Platz, wo der Eigentümer gefragt werden kann.

Die tiefe Wurzel mit dem Spaten ausgraben, gründlich reinigen und z. B. mit einem Mixer zu Brei verarbeiten. Diesen streicht man auf ein festes Leinentuch (oder ähnliches), umhüllt damit die Sehnen und legt einen Polsterverband an, der über ein bis zwei Stunden liegen bleiben kann.

SEHNENSCHEIDENENTZÜNDUNG

- Symphytum darf nur auf intakte Haut gelangen. Bei trächtigen Stuten verzichtet man vorsichtshalber auf diese Anwendung, gebraucht statt dessen Ruta und zwischenzeitlich Arnika.

Ruta Graveolens

Die Weinraute, ein Familienmitglied der Rautengewächse, ist im Mittelmeerraum beheimatet und wird hierzulande angebaut. Ruta ist unter anderem ein ausgezeichnetes Mittel bei Verletzung und Entzündung der Sehnen. Am einfachsten wäre die Anwendung mit verdünnter Tinktur, wobei Sie von Ruta graveolentis (als Urtinktur) 50 Tropfen auf ½ Liter Wasser geben oder Ruta Extern® (DHU) 1:12 mit Wasser verdünnen. Die gut feuchten Umschläge wiederholen Sie täglich, im Wechsel mit Beinwell – oder bei trächtigen Stuten – mit Arnika-Tinktur.

- Die genannten Pflanzen-Tinkturen kann man in eine emulgierende Salbengrundlage einarbeiten. Da es eine Kunst ist, eine Salbe oder Emulsion herzustellen, die tatsächlich tiefer in die Haut eindringt, wäre es ratsam, die Zubereitung einer Apotheke zu überlassen. Damit ein Salbenpräparat durch die Behaarung der Gliedmaßen gelangt, muß es sehr gründlich eingerieben werden. Noch besser wäre es, wenn Sie die erkrankten Gliedmaßen vorher einige Minuten mit Wasser kühlen und danach die Salbe auftragen – es erhöht die Aufnahme der Substanzen.

Homöopathische Arzneien

Arnica: Das Arzneimittelbild von Arnica weist unter anderem folgende Leitsymptome auf: Verschlechterung durch jede Bewegung, insbesondere Anstrengung, und Besserung durch Ruhe; jedoch gleichzeitiger Bewegungsdrang. Ausgesprochene Druckschmerzempfindlichkeit. Angezeigt bei Folgen von allen Verletzungen mit Blutung (z. B. Bluterguß), von Überanstrengung und Übermüdung.

Bryonia: Die geringste Bewegung ist schmerzhaft, das Pferd läßt sich nur ungern führen (morgens deutlich schlechter); hingegen bessert sich die Lahmheit bei langsam und fortgesetzter Bewegung (!); nicht selten kann das Pferd nun gut auftreten.

Hingegen zeigt sich bei Rhus tox. im Anfang der Bewegung Lahmheit, dann Besserung und bald wiederum ein »Lahmgehen«.

Ruta: Mittel bis starke Lahmheit bei Bewegung; selbst in Ruhe versucht das Pferd zu entlasten; deutliche Verschlechterung bei kalt-feuchter Witterung; Druckschmerzempfindlichkeit; hingegen bessert sanfte, und fortgesetzte Druckmassage.

- Eine bewährte Rezeptur: Arnica D4, Bryonia D4, Ruta D4, Symphytum D4 – zu gleichen Teilen (stellt die Apotheke her).

2mal täglich 10 Tropfen auf ein hartes Stück Brot. Tritt eine deutliche Besserung ein, ist das Mittel sofort abzusetzen.

SEHNENSCHEIDENENTZÜNDUNG

Rhus Toxicodendron

Die führenden Symptome sind oben beschrieben, wobei möglicherweise zu beobachten ist, daß eine kalt-feuchte Witterung, selbst kalter Wind zur Verschlechterung des Zustandes führen.

- Um unangenehme »Erstverschlechterungen« (= Erstreaktionen) zu vermeiden, wird Rhus tox. vorzugsweise in höherer homöopathischer Verdünnung (Potenz) verabreicht. Bei Pferden oft bewährt hat sich Rhus tox. C30, und zwar 1mal täglich, 10 Streukügelchen direkt in das Maul. Im Anschluß daran (sieben Tage nach der letzten Gabe) 1mal in der Woche!
Bei deutlicher Besserung wird die Arznei sofort abgesetzt.

Hinweis: Es gibt Pflanzen, wie z. B. Pfefferminze und Kamille, die die Wirkungsweise homöopathischer Arzneien beeinträchtigen können. Auch Kampfer-Anwendungen wirken meistens störend.

Hautreizende = durchblutungsfördernde Mittel

Genaugenommen zählt die Anwendung von hautreizenden, sprich örtlich wärmeerzeugenden Mitteln zu einer jahrhundertealten Methode – dem Aus- bzw. Ableitungsverfahren. Ansammlungen von schädlichen Stoffen können im Körper oder an umschriebenen Hautpartien z. B. Entzündungen, Schwellungen und Schmerzen verursachen. Auch die Eigenregulation des erkrankten Organismus soll mittels dieser ab-leitenden Anwendungen günstig beeinflußt werden. Neben der Ausleitung oder Entgiftung über den Darm und die Niere gibt es zahlreiche Ableitungsmethoden durch die Haut:

1. mit hautrötenden Mitteln (Verbesserung der Durchblutung)
2. blasenziehenden Mitteln (Erzeugung einer Brandblase mit Scharfeinreibung oder Pflaster; Injektionen von Pinien-Terpentin unter die Haut oder pures Auftragen, letztere Methode wurde bereits von den Tierärzten des 18. Jahrhunderts angewandt)
3. mit Mitteln, die einen künstlichen Hautausschlag verursachen (z. B. Braunscheidt-Methode: Einstichelung in die Haut mit Folgebehandlung stark hautreizender Öle)
4. Schwitzpackungen (erwärmende bis heiße Wickel)
5. Kaltwassergüsse, Packungen mit Heilerde, Fango, Moor.

Einfache und vor allen Dingen für Pferde schonende Methoden sind: Kaltwassergüsse-Berieselungen für einige Minuten oder noch besser im Wechsel mit warmen Wickeln; Packungen mit Moor (oft in Pulverform), Fango (Fertigkompressen unterschiedlicher Größe) und Heilerde Nr. 2. Wer bei seinem Pferd ätherische Öle anwenden möchte, sollte diese tatsächlich gut verdünnen, da sonst schmerzhafte Hautreizungen und -ausschläge entstehen können. Folgende ätherische Öle sind empfehlenswert: Fichtennadelöl (Oleum Pini sibiricum), Kampferbaumöl (Oleum

Camphoratum), Kiefernadelöl (Oleum Pini sylvestris), Pfefferminzöl (Oleum Menthae piperiti), Rosmarinöl (Oleum Rosmarini), gereinigtes Terpentinöl aus Pinus sylvestris (Oleum Terebinthinae rectificatum), Salbeiöl (Oleum Salviae), Thymianöl (Oleum Thymi).

Eine bewährte Rezeptur: 100 g Salbengrundlage, 4 g eines ätherischen Öles oder je zu 2 g (Apotheke). Sie können auch, je nach Hautempfindlichkeit Ihres Pferdes, 40–50 Tropfen von drei bis vier ätherischen Ölen (alle Pinienöle wirken sehr kräftig) mit 200–250 ml Sonnenblumen- oder Olivenöl gründlich vermengen. Probieren Sie es eventuell erst einmal mit einer geringen Menge und an einem kleinen Bezirk der Gliedmaßen Ihres Pferdes.

Recht hautreizend ist der spanische Pfeffer (Capsicum annuum), der in manchen Fertigpräparaten zu finden ist. Eine schnelle, starke und anhaltende Wirkung haben Zubereitungen aus Senfsamen (Öl, Brei). Häufig wird er als 2 % Lösung in Alkohol oder Salben verarbeitet (Apotheke). Diese Anwendung kann besonders bei chronischen Sehnenschäden hilfreich sein.

Anmerkung: Auf die Anwendung von ätherischen Ölen, Senfsamen- oder Capsicumpräparaten sollte möglichst kein Verband erfolgen. Unter Luftabschluß kann die Haut des Pferdes erheblich gereizt werden.

Gebrauchsfertige Fango- und Moorpackungen, die auf wohltuende Weise die Durchblutung verbessern, erhalten Sie im Arzneihandel. Heilerde Nr. 2 wird unter Zugabe von etwas Essig mit Wasser angerührt. Den streichfesten Brei geben Sie direkt auf die betroffene Gliedmaßenpartie, umwickeln sie mit einem Frotteetuch und fixieren dieses nicht zu fest mit einer elastischen Binde. Alle Anwendungen sollten häufiger wiederholt werden.

Muskelverletzungen

Zu den häufigsten Verletzungen der Muskelpartien gehören: Quetschungen, Prellungen und Zerrungen. Quetschungen werden buchstäblich durch »Einquetschung« verursacht (Druckeinwirkung über einen gewissen Zeitraum). Hingegen ist eine Prellung eine schlagartige Verletzung (Schlag oder Stoß). Überdehnung eines Muskels führt zur Zerrung (Zugeinwirkung in Richtung des betroffenen Muskels).

Alle diese Verletzungen haben unterschiedliche Ursachen, doch ähnlen sich die Folgeerscheinungen. Es entstanden Muskelfaserrisse, die entweder einen kleinen oder größeren Bereich des Muskels betreffen. Darauf folgt meistens eine Einblutung aus dem verletzten Muskel in das betroffene Gebiet. Die Symptome der genannten Muskelverletzungen des Pferdes sind: Schmerzen, Schwellung (Bluterguß) und Lahmheit bzw. Gangunregelmäßigkeit. Selbstverständlich wird das Pferd umgehend ruhig gehalten.

MUSKELVERLETZUNGEN

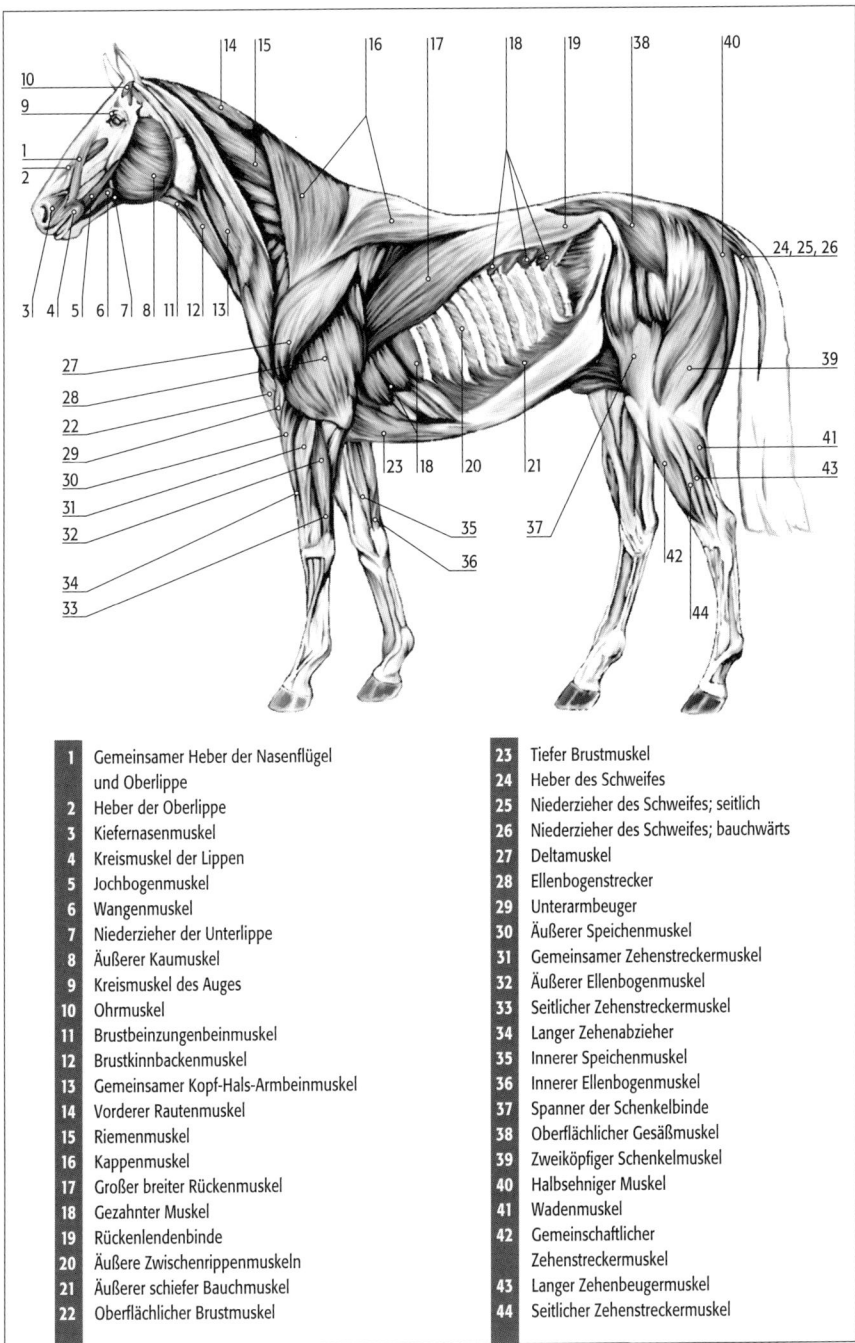

1	Gemeinsamer Heber der Nasenflügel und Oberlippe	23	Tiefer Brustmuskel
2	Heber der Oberlippe	24	Heber des Schweifes
3	Kiefernasenmuskel	25	Niederzieher des Schweifes; seitlich
4	Kreismuskel der Lippen	26	Niederzieher des Schweifes; bauchwärts
5	Jochbogenmuskel	27	Deltamuskel
6	Wangenmuskel	28	Ellenbogenstrecker
7	Niederzieher der Unterlippe	29	Unterarmbeuger
8	Äußerer Kaumuskel	30	Äußerer Speichenmuskel
9	Kreismuskel des Auges	31	Gemeinsamer Zehenstreckermuskel
10	Ohrmuskel	32	Äußerer Ellenbogenmuskel
11	Brustbeinzungenbeinmuskel	33	Seitlicher Zehenstreckermuskel
12	Brustkinnbackenmuskel	34	Langer Zehenabzieher
13	Gemeinsamer Kopf-Hals-Armbeinmuskel	35	Innerer Speichenmuskel
14	Vorderer Rautenmuskel	36	Innerer Ellenbogenmuskel
15	Riemenmuskel	37	Spanner der Schenkelbinde
16	Kappenmuskel	38	Oberflächlicher Gesäßmuskel
17	Großer breiter Rückenmuskel	39	Zweiköpfiger Schenkelmuskel
18	Gezahnter Muskel	40	Halbsehniger Muskel
19	Rückenlendenbinde	41	Wadenmuskel
20	Äußere Zwischenrippenmuskeln	42	Gemeinschaftlicher Zehenstreckermuskel
21	Äußerer schiefer Bauchmuskel	43	Langer Zehenbeugermuskel
22	Oberflächlicher Brustmuskel	44	Seitlicher Zehenstreckermuskel

Oberflächliche Muskulatur des Pferdes

MUSKELVERLETZUNGEN

ÄUSSERLICHE ANWENDUNGEN

Eine gute Sofort-Maßnahme sind kalte Umschläge mit der bewährten Arnika-Tinktur (Tinctura Arnicae). In die 1:10 mit Wasser verdünnte Lösung tauchen Sie ein festes Leinentuch oder ähnliches und legen dieses gut befeuchtet, großflächig auf den betroffenen Bereich. Der Umschlag sollte ½ bis 1 Stunde einwirken und möglichst zweimal täglich angewendet werden. An den Körperstellen, wo kein gut abgepolsterter Verband Halt findet, machen Sie wiederholte Waschungen. Nach drei Tagen könnten Sie mit Umschlägen aus Ringelblume (Calendula) und Gänseblümchen (Bellis perennis) fortfahren.

- Arnika darf nicht auf offene Wunden gelangen.

Calendula und Bellis Perennis

Gerade bei gequetschten und auch gezerrten Muskelverletzungen zeigten diese beiden Pflanzen schon häufig ihre Wirksamkeit. Zudem sind sie aufgrund ihrer guten Hautverträglichkeit für großflächige Behandlungen bestens geeignet.
Calendula-Tinktur (Tinctura Calendulae) und Bellis-Extern® (DHU) werden zu gleichen Teilen vermengt und anschließend 1:10 mit Wasser verdünnt. Die Art der äußerlichen Anwendung gleicht der von Arnika.

- Tägliche Spaziergänge im ruhigen Schrittempo sind sehr empfehlenswert, wobei die Bewegungsfähigkeit des Pferdes zu berücksichtigen ist.

Massageöle

In der Folgezeit können sanfte, kreisende Massagen hilfreich sein. Durchblutungsfördernde Öle finden Sie unter dem Abschnitt »Sehnenverletzungen«, die als 4% Lösung in kaltgepreßten Pflanzenölen oder Salben aufgetragen werden. Bei gleichzeitiger Eingabe homöopathischer Mittel dürfen kein Kampferöl oder -spiritus noch kampferhaltige Präparate gebraucht werden.

Homöopathische Mittel

Für die ersten drei Tage gibt man dem Pferd Arnica C30, 1mal täglich, 10 Streukügelchen (Globuli) direkt in das Maul.

Calendula

Insbesondere bei Quetschungen ist Calendula ein Mittel erster Wahl! Sie hilft hier meistens zuverlässiger als Arnica, wobei man auf die ersten Eingaben von Arnica nicht verzichtet. Im Anschluß kann Calendula D4, 2mal täglich, 10 Tropfen (Dil.), auf einem kleinen, trockenen Stück Brot eingegeben werden.

Bellis Perennis

Bellis ist dann angezeigt, wenn sich die Schmerzhaftigkeit der Muskelverletzung (Lahmheit, Gangunregelmäßigkeit) eindeutig durch fortgesetzte Bewegungstherapie bessert (langsam fortgesetztes Führen des Pferdes). Es fällt auf, daß warme Anwendungen die Schmerzen lindern; zuweilen auch Massagen (sanft gerieben und nicht ruckartig wie bei den Bryonia-Symptomen). Bellis hilft ausgezeichnet bei Muskelverletzungen, nur sollte man bei Quetschungen Calendula vorziehen.

- <u>Bellis D4, 2 mal täglich</u>, 10 Tropfen, auf ein trockenes Stück Brot, und zwar solange eingeben, bis die Beschwerden deutlich abgeklungen sind – dann das Mittel absetzen.

Rhus Toxicodendron
Bei Verletzungen der Sehnen und Muskeln ist Rhus tox. eines der häufigsten Mittel, da bei diesen Krankheitsbildern die anfängliche Bewegung oft schmerzt, fortgesetzte Bewegung nicht selten Linderung bringt und daraufhin wieder Lahmheit zu beobachten ist. Auch die Unverträglichkeit von kalt-nasser Witterung und kalter Zugluft sind recht häufig bei diesen Erkrankungen.

- Da Arnica, Calendula und Bellis keine Gegenmittel von Rhus tox. sind, kann man eine Woche nach der letzten Arnica-Gabe zusätzlich <u>Rhus tox. C30, 1mal täglich</u>, 10 Streukügelchen (Globuli), direkt in das Maul geben, und zwar nur drei Tage! Anschließend wäre die Eingabe von 10 Globuli Rhus tox. C30, 1mal (!) in der Woche hilfreich, und zwar sechs Tage nach der letzten dreimaligen Eingabe.

Gelenke

Arthrose

Wurde bei Ihrem Pferd Arthrose festgestellt, so ist diese zwar nicht heilbar – doch kann man einige Beschwerden lindern. Die deformierende Gelenkserkrankung »Arthrose« bezeichnet man als Gelenksverschleiß. Sie beginnt mit leichten Veränderungen der knorpeligen Gelenkoberfläche. Der Knorpel, der normalerweise glatt ist, weist Unebenheiten auf, und die Knorpelschicht wird dünner – bis sie teilweise verloren geht. Der Gelenkspalt verschmälert sich, und die Gelenkkapsel verliert ihre Elastizität.

In späteren Stadien reagiert auch der Knochen mit Wucherungen und Bildung von Zysten – bis sich eventuell das ganze Gelenk verformt. Die Folgen sind Lahmheit, eingeschränkte und schmerzhafte Beweglichkeit.

Man unterscheidet die <u>primäre und sekundäre Arthrose</u>. Die primäre Arthrose ist ein Abnutzungsschaden: Überbeanspruchung junger Pferde; Springsport; stetes Reiten auf sehr harten Böden (z. B. Asphalt) oder durch die Reitweise bedingte Belastung der Vorhand. – Die sekundäre Arthrose kann verschiedene Ursachen haben: z. B. Verletzungsfolgen, Stoffwechselstörungen, nicht ausgeheilte Arthritis (Gelenksentzündung).

Unterstützende Therapie: Für ein Pferd mit Arthrose sind fast immer örtlich erwärmende Anwendungen wohltuend: warme Wickel, besonders Moor-, Fangopackungen und weitere durchblutungsfördernde Mittel (Verdünnungen von ätherischen Ölen). Diese Behandlungsmöglichkeiten wurden bereits im Abschnitt »Sehnen- und Muskelverletzungen« beschrieben. Sehr empfehlenswert ist die äußerliche Anwendung von Ledum: Der weißblühende Sumpf-Porst (Ledum palustre) gehört zur Familie der Heidekrautgewächse und wächst hauptsächlich in moorigen Gebieten, selten auf staunassen Wiesen. Diese Pflanze enthält ein hautreizendes ätherisches Öl (Ledol oder Porst-Kampfer) und wird daher in starker Verdünnung gerne zur Behandlung von Arthrose und rheumatischen Beschwerden gebraucht. Für die örtliche Behandlung nehmen Sie Ledum Extern (DHU®) und geben davon 1 Teelöffel (!) auf ¼ Liter Wasser (bei größeren Flächen 2 Teel. auf ½ Liter). Entweder machen Sie zweimal täglich einen viertelstündigen Umschlag oder eine Waschung.

- Wird das Pferd mit ätherischen Ölen behandelt, sollte man auf einen Verband verzichten.

Außerdem ist folgende **Kräutermischung** sehr hilfreich:

150 g Ackerschachtelhalm/Zinnkraut
   (Herba Equiseti)
150 g Birken-Blätter
   (Folia Betulae)
100 g Brennessel-Kraut
   (Herba Urticae)
50 g Brennessel-Wurzel
   (Radix Urticae)
50 g Fenchel-Samen (pulverisiert)
   (Fructus Foeniculi)
130 g Hauhechel-Wurzel
   (Radix Ononidis)
100 g Mädesüß-Kraut
   (Herba Spiraeae ulmariae)
80 g Petersilienwurzel
   (Radix Petroselini)
100 g Schafgarbe-Kraut
   (Herba Millefolii)
100 g Weiden-Rinde
   (Cortex Salicis)

Kräuter in einer großen undurchsichtigen Tüte oder einem Eimer gut vermischen. Tagesration in das Kraftfutter mengen; Lebertran, Sonnenblumen- oder Distelöl hinzufügen. Wichtig ist 1 Eßlöffel Knoblauchfrischsaft (oder 1–2 Zehen) täglich.

- Trächtige Stuten erhalten keine Petersilienwurzel.

Bezugsquellen: Apotheke, teilweise Reformhaus, biologischer Heilpflanzenanbau. Erntezeiten: Finden Sie im Kapitel »Heilpflanzen«. Dosierung der Kräuter: Pferde (Gewicht über 500 kg) 50 g täglich. Pferde, Ponys (Gewicht unter 500 kg) 30–40 g täglich.

Diese Kräutermischung sollte 5 Monate zugefüttert werden, dann 2–3 Monate pausieren und erneut beginnen. Bei leichteren Beschwerden verfüttern Sie am besten ausschließlich die vorgestellte Kräutermischung und verzichten auf die Eingabe des folgenden homöopathischen Komplex-Mittels oder verabreichen nur 1 mal täglich 2 Tabletten der genannten Arznei.

Homöopathische Arzneien
Bei Erkrankungen des rheumatischen Formenkreises bzw. Arthritis und Arthrose hat sich das Komplex-Mittel Traumeel (Heel®) als hilfreich erwiesen. Es ist ein aus mehreren homöopathischen Arzneien zusammengesetztes Medikament und somit gerade für die behandelnden Pferdehalter geeignet, die auf dem Gebiet der Homöopathie unerfahren sind und nicht die Möglichkeit haben, einen fachkundigen Menschen um Rat zu fragen. Denn – genaugenommen berücksichtigt man in der Homöopathie auf eingehende Weise alle Symptome und Umstände bzw. das Wodurch, Wie, Wo und Wann einer Erkrankung des jeweiligen Pferdes, woraufhin dann die passende (ähnlichste) Arznei verordnet wird. Selbstverständlich wird Traumeel – bei entsprechender Heilanzeige – auch von erfahrenen Tierärzten der Naturheilkunde oder Tierheilpraktikern verordnet.

Die übliche Dosierung von Traumeel: 2–3 mal täglich, 2 Tabletten, direkt in das Pferdemaul oder vorab in ein Apfelviertel, wobei dieses umgehend zu verfüttern ist. In der Gebrauchsinformation, die diesem Komplex-Mittel beiliegt, finden Sie weitere Hinweise.

Atmungsorgane

Erkrankungen der Atemwege

Die eingeatmete Luft gelangt zuerst in den Nasenraum, dessen Innenfläche durch zwei Nasenmuscheln vergrößert und von der Nasenscheidewand in zwei Hälften geteilt wird. Kleine Öffnungen verbinden den Nasenraum mit der Kiefer- und Stirnhöhle. Pferde atmen ausschließlich durch die Nase – ein breiter Gaumensegel, der den Rachenraum von der Mundhöhle trennt, verhindert die Mundatmung.

Zwei sogenannte Luftsäcke umlagern seitlich und nach oben den Rachen. Diese paarigen Ausstülpungen der Ohrtrompete verbinden den Rachen mit der Paukenhöhle. Die Stimmbänder des Pferdes sitzen im Kehlkopf – der den Anfang der Luftröhre bildet. Die Luftröhre erstreckt sich über die gesamte Halslänge und besteht aus bis zu 60 beweglich miteinander verbundenen Knorpelringen. Nach dem Eintritt in den Brustraum teilt sich die Luftröhre in zwei Bronchien – die jeweils zur rechten und linken Lunge führen. In der Lunge verzweigen sich die Bronchien immer weiter, bis sie schließlich in den sogenannten »Alveolargängen« enden. Die Wand dieser Gänge bilden viele kleine, runde Ausbuchtungen – die man als Alveolen = Lungenbläschen bezeichnet. Mehrere hundert Millionen solcher Alveolen befinden sich in der

ERKRANKUNGEN DER ATEMWEGE

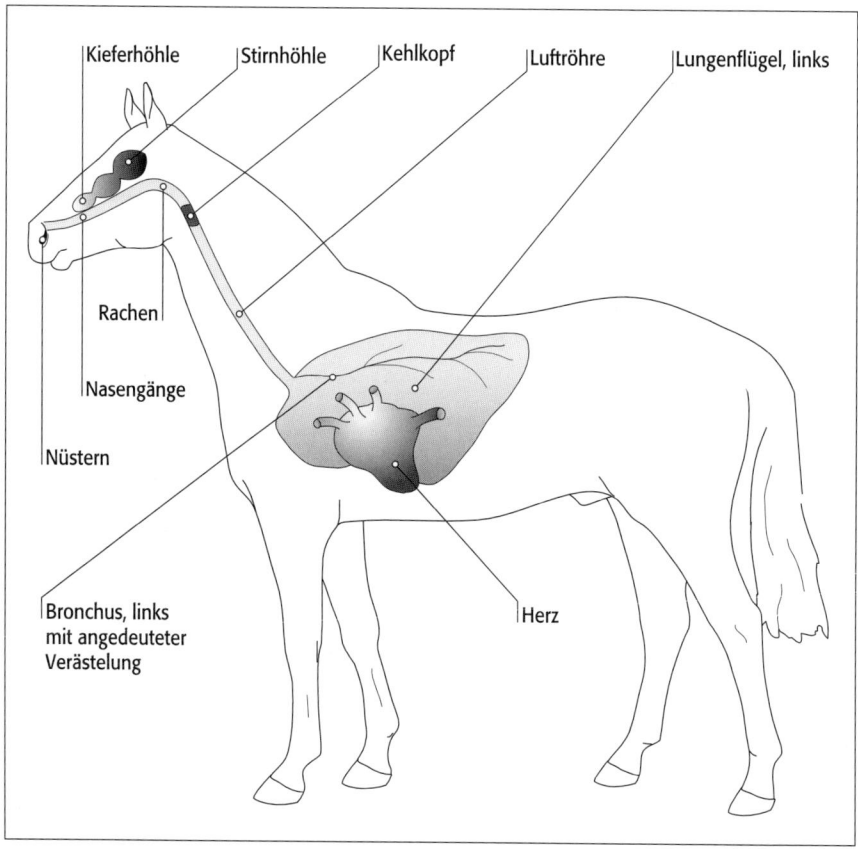

Atmungsorgane des Pferdes

ganzen Lunge, die die Atmungsfläche der Lunge um ein Vielfaches vergrößern.

Dicht an dicht stehende Flimmerhärchen (Flimmerepithel) bekleiden die Schleimhaut des Kehlkopfes, der Luftröhre und Bronchien. Diese feinen Ausläufer der Schleimhautzellen sorgen für den Abtransport von Schleim und den mit der Luft eingeatmeten Verunreinigungen.

Ein Netz feinster Blutgefäße bedeckt die Außenseite der Lungenbläschen, wobei sie von innen mit einer dünnen Atemschleimhaut überzogen sind – durch die die eigentliche Atmung stattfindet. Bei ihrer »Arbeit« verbrauchen die Körperzellen Sauerstoff und geben als Abfallprodukt Kohlendioxyd an das Blut ab. Mit dem Blut gelangt das Kohlendioxyd in die Lunge und wird über die Atemschleimhaut ausgeatmet.

Dafür nehmen die »nun freien« Blutkörperchen aus der Atemluft Sauerstoff auf, um ihn rasch wieder zu den Körperzellen zu transportieren.

Husten

Husten ist eine normale Abwehrreaktion des Pferdekörpers. Die sehr empfindliche Schleimhaut der Atemwege reagiert auf Störungen mit vermehrter Schleimproduktion. Mit diesem Schleim werden die krankmachenden Stoffe eingehüllt und mit Hilfe des Flimmerepithels aus dem Körper befördert. Durch Reizung der feinen Nervenendungen, die sich in der Schleimhaut befinden, wird der Hustenreiz ausgelöst. Die eingeatmeten Fremdkörper, wie beispielsweise Staub, Rauch oder Gase aus der Stalluft, aber auch Mikroorganismen, wie Bakterien, Viren oder allergieauslösende Stoffe, können die Ursache sein. – Husten ist ein kräftiges, ruckartiges »Ausatmen«, das die Schleimentleerung erleichtern soll.

Demnach erweist sich Husten nicht als eigenständige Krankheit, sondern als Symptom einer bestimmten Erkrankung der Atemwege. Der Charakter des Hustens (z. B. hart, bellend, rasselnd), das Aussehen und die Beschaffenheit (z. B. weiß, gelb, grünlich/leicht löslich bis zäh schleimig) sowie der Geruch des Auswurfes können bereits einen Hinweis auf die Art der Erkrankung geben.

Das Pferd muß gründlich untersucht werden, insbesondere dann, wenn eventuelles Fieber, vermehrtes Schwitzen und allgemeines Unwohlsein auf eine ernstere Infektion hindeuten. (Die normale Körpertemperatur von Fohlen und einjährigen Absatzfohlen – 38,2 ° bis 38,5 °C; von heranwachsenden und ausgewachsenen Pferden – 37,5 ° bis 38,3 °C).

Heilpflanzentherapie: Es gibt einige Heilpflanzen, die aufgrund ihrer Inhaltsstoffe und der Art ihrer Wirkungsweise bei leichten oder chronischen Atemwegsinfekten hilfreich sein können. Durchaus sinnvoll ist eine Heilpflanzentherapie bei schweren Erkrankungen, welche die tierärztliche Behandlung begleitet und unterstützt.

Gerade bei akuten, aber auch chronischen Atemwegserkrankungen verabreicht man vorzugsweise einen Teeaufguß, der nicht direkt in das Maul des Pferdes eingegossen, sondern mit dem täglichen Kraft- oder Diätfutter vermengt wird.

Bewährte pflanzliche Hustenmittel

Damit Ihnen die Auswahl der angezeigten Hustenmittel leichter fällt, steht unter den genannten Pflanzen ihre besondere Heilwirkung. Am besten verwenden Sie für Ihr Pferd, je nach Art des Hustens, <u>eine Mischung aus drei bis fünf Heilpflanzen oder Pflanzenteilen</u>. Davon können 2 Eßlöffel mit ½ Liter Wasser – als Teeaufguß – täglich verabreicht werden. Von einer Kräu-

HUSTEN

termischung, die direkt in das Futter gegeben wird, bekommen Pferde über 500 kg 50 g täglich; Pferde und Ponys, die weniger als 500 kg wiegen, 30–40 g täglich.

Anis

Die ausführliche Darstellung von Anis finden Sie im Kapitel »Heilpflanzen«. Zubereitung/Anwendung: Täglich 1 bis 2 Teelöffel Anissamen (Fructus Anisi) mit 1/8 Liter kochendem Wasser übergießen, 5 Minuten ziehen lassen. Anteilig in eine Kräutermischung geben Sie pulverisierten oder zerstoßenen Anissamen. Praktisch in der Anwendung ist die Anis-Tinktur (Tinctura Anisi), von der das Pferd täglich 20 Tropfen erhalten kann, und zwar als Beigabe in die jeweilige Kräuterzubereitung.

- Anis wirkt milde krampflösend, zudem auswurffördernd und keimtötend. Besonders hilfreich bei Erkrankungen der Bronchien, wenn der Husten krampfartig ist und wenig Auswurf sichtbar wird. Eher nicht geeignet für Allergiker.

Echter Eibisch

Der 1–2 m hohe weißblühende Eibisch wächst noch wild auf feuchten Wiesen, salzhaltigen Böden in Küstennähe oder im Binnenland sowie in zahlreichen Gärten. Er ist nicht nur mit der Wilden Malve verwandt, sondern besitzt auch eine ähnliche – jedoch stärkere – Wirkungsweise. Zudem gleicht sich die Zubereitung der beiden Heilpflanzen. Verwendet wird die Eibischwurzel (Radix Althaeae), und zwar vorwiegend als Teeaufguß oder auch in einer Kräutermischung.

Wilde Malve

Ebenso wie der Eibisch gehört die Wilde Malve zu den sehr schleimstoffhaltigen, eher sanften Heilpflanzen. Obgleich die Zubereitung per Kaltansatz etwas aufwendiger ist, sollte man auf diese beiden Malvengewächse nicht verzichten. Zubereitung/Anwendung: Eibischwurzel, Malvenblätter (Folia Malvae) und Malvenblüten (Flores Malvae) vermengen Sie zu gleichen Teilen und geben davon 2–3 Eßlöffel auf 1/2 Liter kaltes! Wasser. Der Ansatz (Tagesmenge) muß über Nacht ziehen, wird dann erwärmt und abgesiebt. Gebrauchen Sie vorzugsweise den Teeaufguß – ins Kraftfutter gemengt ergibt er eine reizlose und doch wirksame Kost.

- Da Eibisch und auch Wilde Malve entzündete Schleimhäute beruhigen und somit den Hustenreiz lindern (nicht blockieren), sind beide Pflanzen gerade bei akuten Atemwegsinfekten außerordentlich nützlich.
- Empfehlenswert ist die tägliche Beigabe von 2 Eßlöffeln Spitzwegerich-Frischsaft oder -Sirup.

Fenchel

In seiner Heilwirkung ist der Fenchel dem Anis nicht unähnlich. Zubereitung/Anwendung: Für die Tagesmen-

ge wären 1 Teelöffel Fenchelsamen (Fructus Foeniculi) auf 1 Tasse kochendes Wasser ausreichend. 1 Teelöffel pulverisierter oder zerstoßener Samen kann auch einer Kräutermischung hinzugefügt werden.
- Fenchel wirkt krampflösend, schleimlösend und keimtötend. Besonders angezeigt bei einer akuten oder chronischen Bronchitis mit krampfartigem Husten, fehlendem oder spärlichem Auswurf.
- Gerne gemeinsam mit Anis, Huflattich, Isländisch Moos, Lungenkraut, Süßholzwurzel oder Thymian.
- Bei trächtigen Stuten sollte man vorsichtshalber auf die Eingabe von Fenchel und Huflattich verzichten.

Huflattich

Huflattich gehört mit zu den altbewährten Hustenmitteln und ist im Kapitel »Heilpflanzen« ausführlich beschrieben. Für die Zubereitung und Anwendung benötigen Sie Huflattichblätter (Folia Farfarae), die entweder in eine Husten-Kräutermischung gehören oder als Teeaufguß zubereitet werden können. Als Tagesmenge (für eine Teemischung) übergießen Sie 2 Teelöffel der Blätter mit 1/8 Liter kochendem Wasser, lassen 5 Minuten ziehen und sieben ab. Statt dessen können Sie dem Pferd auch 1–2 Eßlöffel Huflattich-Frischsaft in das Futter geben.
- Hilfreich bei trockenem Reizhusten (Kehlkopfentzündungen, chronische Bronchitits, allergische Reaktionen auf bestimmte Stoffe). Erleichtert die Schleimentleerung.
- Das erkrankte Pferd kann 4 Wochen Huflattich erhalten. Trächtigen Stuten wird diese Pflanze nicht zugefüttert.

Isländisch Moos

Das Isländisch Moos, das eigentlich eine Flechte ist, findet man in einigen handelsüblichen Hustenpräparaten. Zubereitung/Anwendung: 1 Eßlöffel (Lichen islandicus) kochen Sie mit 1/4 Liter Wasser kurz auf, lassen es 10 Minuten ziehen und sieben dann ab (Tagesmenge). Empfehlenswert wäre eine Tee- oder Kräuterfuttermischung.
- Beruhigt die gereizte Schleimhaut der Atemwege, besitzt keimtötende Eigenschaften und ist immer hilfreich bei Schwächezuständen nach einer Erkrankung, bei chronischen Atemwegsinfekten, schlechtem Allgemeinbefinden oder in der Genesungszeit.
- Gerne als Mischung mit Huflattich, Lungenkraut, Spitzwegerich, Süßholzwurzel, wobei Isländisch Moos nicht über einen längeren Zeitraum zugefüttert werden sollte (ca. 2 Monate).

Lungenkraut

Das vielerorts noch wildwachsende Lungenkraut gehört zu den altbekannten Hustenmitteln für Mensch und Tier. Die Bezeichnungen Lungenkraut und Pulmonaria deuten auf die wie eine Lunge geformten Blätter dieser kieselsäurehaltigen Pflanze hin. <u>Zubereitung/Anwendung:</u> Vorzugsweise in einer Tee- oder Kräutermischung. Für den Aufguß übergießen Sie 1 Eßlöffel Lungenkraut (Herba Pulmonariae) mit 1/4 Liter kochendem Wasser, lassen 5 Minuten ziehen und sieben ab (Tagesmenge). Lungenkraut kann auch, gemeinsam mit Eibisch und Malve, im Kaltansatz zubereitet werden.

- Bei akuten oder chronischen Infekten der Atemwege. Fördert den Heilungsprozeß, sollte aber über einen längeren Zeitraum hinweg verabreicht werden.
- Gerne gemeinsam mit Anis, Eibisch, Huflattich, Spitzwegerich und Zinnkraut.

Salbei

Der Garten-Salbei besitzt eine belebende, stärkende und doch gleichzeitig beruhigende Wirkungsweise. <u>Zubereitung/Anwendung:</u> Als Tagesmenge nehmen Sie für das Pferd 2 Teelöffel Salbeiblätter (Folio Salviae) und übergießen diese mit 1/4 Liter kochendem Wasser; 5 Minuten ziehen lassen, absieben und in das Futter mengen. 2 Teelöffel frischer oder getrockneter Blätter können auch direkt in eine Husten-Kräutermischung gegeben werden.

- Bei trockenem Reizhusten, kann sich auch heftig äußern. Schlechtes Allgemeinbefinden des Pferdes, Schwäche, Nervosität, beginnt schnell zu schwitzen. Sowohl für akute als auch chronische Infekte geeignet.
- Bei entsprechender Dosierung (Tagesmenge beachten) wirkt Salbei keimtötend, zudem krampflösend, beruhigend, auf die Schleimhäute zusammenziehend.
- Statt dessen kann Salbei-Frischsaft verabreicht werden.

Spitzwegerich

Spitzwegerichkraut ist für Pferde sehr gut bekömmlich und gehört wohl in jede Husten-Kräutermischung. Seine eingehende Beschreibung finden Sie im Kapitel »Heilpflanzen«. <u>Zubereitung/Anwendung:</u> Für den Tee übergießen Sie einen gehäuften Eßlöffel Spitzwegerichkraut (Herba Plantaginis lanceolatae) mit 1/4 Liter kochendem Wasser, lassen 5 Minuten ziehen und sieben ab (Tagesmenge). Frischen Spitzwegerich können Sie von Frühjahr bis Sommer ernten.

- Zur Reizlinderung bei akuten und chronischen Atemwegsinfekten. Spitzwegerich wirkt keimtötend und zusammenziehend.
- Als unterstützende Anwendung geben Sie dem akut erkrankten Pferd 1–2 Eßlöffel <u>Spitzwegerich-Frischsaft</u>.
- Zudem hilft der zuckerfreie <u>Spitzwegerich-Sirup</u> (Broncho-Sern®, Sertürner), hier statt des oben genannten Teeaufgusses.

Süßholz

Die Wurzel vom Süßholz zählt mit zu den milden und schmackhaften

Hustenmitteln. Jedoch kann eine längerfristige Anwendung (über ca. 4 Wochen) zur Ödembildung der Gliedmaßen führen. Zubereitung/Anwendung: Für die Tagesmenge übergießen Sie 1 Teelöffel Süßholzwurzel (Radix Liquiritiae) mit gut 1/8 Liter kochendem Wasser, lassen 5 Minuten ziehen und sieben ab. In der Apotheke erhalten Sie auf Anfrage auch pulverisiertes Süßholz, das dann einer Kräutermischung beigegeben werden kann.

- Süßholz wirkt schleimlösend, auswurffördernd und milde krampflösend. Gut in Mischtees oder Kräutermischungen anzuwenden.
- Gerne mit Anis, Eibisch, Huflattich, Lungenkraut, Spitzwegerich.

Thymian

Thymian ist ein bedeutendes Husten- und Heilmittel für Erkrankungen der Atemorgane. Anteilig in einer Kräuter- oder Teemischung wird er von Pferden, auch über einen längeren Zeitraum, gut vertragen. Zubereitung/Anwendung: 2 Teelöffel getrocknetes oder 1 1/2 Teelöffel frisches Thymiankraut (Herba Thymi) übergießen Sie mit 1/4 Liter kochendem Wasser, lassen 5 Minuten ziehen und sieben gründlich ab (Tagesmenge).

- Thymian wirkt krampflösend, stark keimtötend und fördert den Auswurf. Krampfartiger Husten, ständiger Hustenreiz. Sowohl bei akuten als auch chronischen Atemwegsinfekten.
- Statt dessen kann auch zuckerfreier Thymian-Hustensaft (Makatussin®, Roland) verabreicht werden.

Winter- und Sommerlinde

Bei Husten, Schnupfen und Fieber hilft ein Teeaufguß aus Lindenblüten nicht nur uns Menschen, sondern auch den Pferden. Gerade in der akuten Phase einer Atemwegserkrankung kann der schweißtreibende Lindenblütentee äußerst nützlich sein. Zubereitung/Anwendung: Nur als Teeaufguß verabreichen – täglich 1 flachen Eßlöffel Lindenblüten (Flores Tiliae) mit 1/4 Liter kochendem Wasser übergießen, 2 Minuten ziehen lassen, absieben und lauwarm bis kühl in das Futter geben. Etwa über 1 bis 1 1/2 Wochen verabreichen.

- Beruhigt den Hustenreiz, wirkt schweißtreibend, stärkt die Abwehrkräfte.
- Z.B. als Mischtee mit 1 Teelöffel Kamillenblüten. Nicht gemeinsam mit Salbei anwenden.

Ackerschachtelhalm/Zinnkraut

Bestechend am Ackerschachtelhalm ist seine Eigenschaft, reichliche Mengen Kieselsäure zu speichern. Dieses Mineralsalz, das den Pferden somit auf natürlichem Wege zugeführt wird, spielt bei der Ausheilung von Atemwegsinfekten eine wesentliche Rolle.

- Fügen Sie jeder längerfristigen Kräutermischung einen guten Anteil Zinnkraut (Herba Equiseti) hinzu.

Verdauungsorgane

- Statt dessen hilft auch der Zinnkraut-Frischsaft.

Zur Inhalation

Wenn wir Menschen Heildämpfe einatmen, schließen wir meistens die Augen. Das Pferd hingegen wird diesen Vorgang aufmerksam betrachten und die Dämpfe gelangen nicht nur in seine Atemwege, sondern auch in die Augen. Daher darf ein Inhalationsmittel weder die Schleimhäute austrocknen, wie z. B. Kamille, noch eine starke Reizwirkung besitzen, wie etwa Eucalyptus oder Pfefferminzöl.

- Empfehlenswert ist das ätherische Öl aus Thymian (Oleum Thymi), von dem Sie 10 Tropfen auf 1 Liter kochendes Wasser geben können. Die dampfende Flüssigkeit (eventuell Thermoskanne) gibt man in einen Eimer, tropft das Öl hinzu, und damit sich das Pferd nicht verbrennt, stülpen Sie ein angepaßtes Küchensieb darüber. Wer die Möglichkeit hat, bindet das Pferd beiseitig an und läßt es mit vorgehaltenem Eimer ca. 10 Minuten stehen.
- Möglichst zweimal täglich inhalieren. Statt dessen können Sie auch 2–3 Eßlöffel Thymiankraut mit 1 Liter Wasser mischen und anwenden.
- Nervösen und ängstlichen Pferden, die an Atemwegserkrankungen leiden, hilft das »Neroli-Öl« aus Orangenblüten. Gegebenenfalls fügen Sie dem Thymian-Öl ca. 6 Tropfen Neroli-Öl hinzu.

Verdauungsorgane

Ursprünglich war das Pferd ein wildlebendes und immer fluchtbereites Herdentier, das sich auf der Suche nach Pflanzen und Wasserquellen stets bewegte und fortwährend kleine Nahrungsmengen fraß.

Die Nahrung wird vom Pferd mit Bedacht aufgenommen – alle Fremdkörper, wie Steinchen, Metallstücke oder ähnliches, sondert es instinktiv aus. Beim Kauen vermischt sich das Futter mit dem Speichel, der von den Speicheldrüsen in reichlicher Menge produziert wird. Der gut eingespeichelte und vom Pferd geschluckte Nahrungsbrei braucht – bedingt durch die Länge der Speiseröhre – einige Sekunden, um in den Magen zu gelangen. Ein gesundes Gebiß, die nötige Ruhe während und nach der Mahlzeit sowie regelmäßige Futterzeiten sind die ersten Schritte für eine gute Verdauung.

Der Pferdemagen ist relativ klein – eine Magenüberladung bereitet dem Pferd erhebliche Schmerzen und kann bis zur Magenzerreißung führen. Die Schleimhautdrüsen des Magens stellen den Magensaft her, der Salzsäure und eiweißspaltende Enzyme enthält. Hier wird die Nahrung vorverdaut und in den Zwölffingerdarm weitergeleitet, wo die Ausgänge der Leber und Bauchspeicheldrüse münden.

Das Pferd hat keine Gallenblase. Entsprechend seiner ursprünglichen Lebensweise – der Aufnahme von

Verdauungsorgane

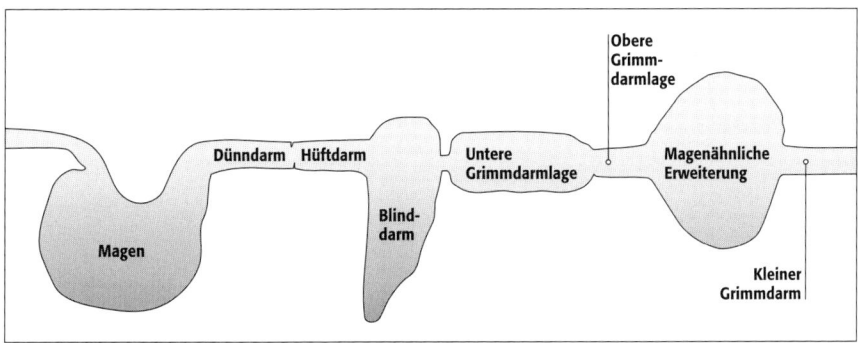

Verdauungsorgane

mehreren kleinen Mahlzeiten und steten Fluchtbereitschaft – entleert sich ständig Galle, und zwar ohne einen Vorrat zu bilden. Durch die Gallenabsonderung wird die Verdauung der Fette eingeleitet und der Saft aus der Bauchspeicheldrüse sorgt für weitere Spaltung von Fett und Eiweiß.

In den 20–30 m langen Dünndarm, der sich aus dem Leerdarm und Hüftdarm zusammensetzt, erfolgt dann die eigentliche Verdauung und Nahrungsaufnahme. Die gesamte Schleimhaut des Dünndarms bildet sogenannte Zotten (schmale Ausstülpungen), in denen sich feinste Blut- und Lymphgefäße befinden. Durch diese werden Nährstoffe aufgenommen und in das Blut weitergeleitet.

Der Dünndarm mündet im Blinddarm, der beim Pferd die Größe des Magens übertrifft und – im Gegensatz zum Menschen – ein wichtiger Teil der Verdauungsorgane ist.

Aus dem Blinddarm geht der große Grimmdarm (= Dickdarm) hervor. An die untere Grimmdarmanlage schließt sich, verbunden durch eine Beckenkrümmung, die obere Grimmdarmanlage an, die sich in einer magenähnlichen Erweiterung öffnet. Hier wird dem »Darminhalt« der größte Wasseranteil entzogen.

Der nun weitgehend eingedickte Kot gelangt über den Kleinen Grimmdarm durch den Mastdarm und verläßt schließlich durch den After den Körper.

Im Hüft-, Grimmdarm und Blinddarm leben viele für den Körper lebensnotwendige Bakterien – die sogenannte Darmflora. Diese Bakterien haben die Aufgabe, die noch nicht zersetzten Nahrungsreste abzubauen sowie einige Eiweißarten und Vitamine herzustellen. Die bakterielle Darmflora ist außerordentlich empfindlich gegen Störungen wie Infektionen, Ernährungsfehler (z. B. Zucker, auch Abfallprodukte aus der Zuckergewinnung) und insbesondere Antibiotika.

Antibiotika haben nicht nur eine hemmende und abtötende Wirkung auf

Darmkatarrh

krankheitserzeugende Erreger, sondern unglücklicherweise auch auf lebensnotwendige Bakterien. Allerdings gibt es bakterielle Infektionen, wo eine Behandlung mit Antibiotika erforderlich ist; nur sollten sie gezielt und mit Bedacht eingesetzt werden.

Darmkatarrh

Das Hauptsymptom einer Entzündung der Darmschleimhaut ist Durchfall. Die Darmgeräusche können so lebhaft sein, daß sie oft schon deutlich zu hören sind. Manchmal wird ein Darmkatarrh von Bauchschmerzen oder sogar Fieber begleitet. Langandauernde Durchfallerkrankungen können das Pferd schwächen und »austrocknen«. Die häufigsten Ursachen sind: Unterkühlung, starke körperliche Belastung, Streßbelastung, plötzliche Futterumstellung, verdorbene, überdüngte und chemisch behandelte Futtermittel, einseitige Fütterung, Transportbelastung, Zahnwechsel, Aufnahme giftiger Stoffe und Pflanzen, bakterielle und virale Infektionen, Antibiotika.

Anmerkung: Häufig sind Futtermittel der Anlaß für Durchfallerkrankungen beim Pferd, und die Suche nach möglichen Ursachen erfordert eine gewisse Gründlichkeit. Viel zu selten werden – von seiten der Pferdehalter(innen) – der Anbau, die Ernte und Lagerung des Getreides berücksichtigt, welches als Kraftfutter verarbeitet auf den Markt kommt (Erntebedingungen, Witterungsverhältnisse, feuchte Lagerung, Nachschwitzen bei hochsommerlich heißem Wetter – Schimmelbildung). Die Beurteilung von ganzem Getreide, desgleichen von purem Heu und Stroh ist sicht-, greif- und spürbarer. Hingegen kann Silage bedenklich sein: Berücksichtigung der Erntebedingungen (Witterung, Lagerung usw.); nicht fachgerecht hergestellte Silage; verdorbenes Silagefutter (z. B. undichte Folie); letztendlich auch durch kranke Kleintiere, die auf der Weide verenden und unbemerkt in die gerollte, dann luftdicht verpackte Silage gelangen können. (Bestimmte krankheitserzeugende Bakterien, wie z. B. der Erreger des Botulismus, vermehren sich unter Ausschluß von Sauerstoff.)

Chemisch gedüngtes, gespritztes, gereinigtes sowie gefrorenes und angegorenes Obst und Gemüse (z. B. Äpfel, Birnen, Möhren) können Durchfall verursachen.

- Bei heftigen und länger andauernden Durchfällen wird die tierärztliche Behandlung notwendig.

Heilpflanzentherapie: Vor allem bei Durchfallerkrankungen des Pferdes ist die Heilpflanzentherapie von großer Bedeutung. Da die angezeigten Heilpflanzen sanft und nachhaltig wirkend den Darm passieren und die Darmflora eher begünstigen als schädigen, erweist sich die Pflanzenheilkunde hier als gute Alternative zur Schulmedizin. Das Erkennen und Ausgrenzen möglicher

DARMKATARRH

Ursachen hilft dem Pferd entschieden und erleichtert außerdem die Wahl der notwendigen Heilpflanzen.

Knoblauch

Knoblauch ist ein großartiges Mittel bei Darmkatarrh von unterschiedlicher Krankheitsentstehung.

Zubereitung/Anwendung: Am bekömmlichsten ist Knoblauch-Frischsaft, von dem Sie 1–2 Eßlöffel (1 : 1 mit Wasser verdünnt) täglich in das Diätfutter geben können. Man kann dem Pferd den Saft auch mittels einer 20-ml-Einmalspritze (ohne Kanüle) langsam in das Maul spritzen, und zwar ähnlich wie bei der Eingabe von Entwurmungspaste.

Oder Sie zerdrücken 2–3 frische Knoblauchzehen, vermengen diese mit etwas Wasser und dem Diätfutter oder -brei. Letztere Methode wirkt deutlich intensiver.

- Frischer Knoblauch (oder Saft) bewirkt eine Hemmung bzw. Vernichtung von Krankheitserregern sowie eine funktionelle Umstimmung der Darmschleimhaut und Normalisierung der Darmflora. – Akute und chronische Durchfälle, eventuell krampfartig, mit reichlicher Gasbildung.
- Mögliche Ursachen können sein: bakterielle und virale Infektionen, Antibiotika, verdorbene Futtermittel, Würmer u. v. m.
- Verabreichen Sie Knoblauch über einen längeren Zeitraum.

Wilde Malve

Bei bestimmten entzündlichen Darmerkrankungen des Pferdes hat die Malve eine ausgezeichnete Wirkung.

Zubereitung/Anwendung: Obgleich ihre Zubereitung etwas aufwendiger ist, sollten Sie keinesfalls auf die Anwendung dieser Pflanze verzichten! 1/4 Liter kaltes Wasser mit 3 Eßlöffel Malvenblüten und -blättern (Folia et Flores Malvae) über Tag oder Nacht ziehen lassen. Dann kurz erwärmen und absieben (blauroter Pflanzensaft). Am besten kochen Sie dem Pferd einen Brei aus Hafer- oder Gerstenschrot und fügen diese Tagesmenge hinzu. Beachten Sie bitte, daß die Wilde Malve verwendet werden muß.

- Beruhigt entzündete Schleimhäute, lindert die Reizempfindlichkeit, verzögert die Aufnahme reizauslösender Stoffe. Bei akutem und chronischem Darmkatarrh, mit breiförmigen, schleimigen Ausscheidungen, auch krampfartigen Durchfällen.
- Mögliche Ursache: Eventuell Medikamente, Herbstlaub im Gras, Pflanzenteile von Bäumen im Herbst oder Winter, chemisch behandelte Futtermittel, bei Unterkühlung, auch Streßbelastung.
- Mitunter reichen drei bis vier Anwendungen.

Eiche

Seit jeher gehört Eichenrinde mit zu den bewährten Durchfallmitteln der Tierheilkunde.

Darmkatarrh

Zubereitung/Anwendung: 4 Teelöffel Eichenrinde (Cortes Quercus) mit ¼ Liter Wasser fünf Minuten kochen lassen, dann absieben und abgekühlt in das Futter oder den Getreidebrei mengen. Statt dessen können Sie auch pulverisierte Eichenrinde nehmen (Apotheke) und davon täglich 2 flache Eßlöffel in das Diätfutter mischen. Wird Ihr Pferd zusätzlich medikamentös behandelt, verzichten Sie auf diese Anwendung und wählen als begleitende Therapie eine andere Heilpflanze.

- Eichenrinde wirkt adstringierend (zusammenziehend) und entzündungshemmend. Vorwiegend bei chronischen Durchfällen. Gußartig, eventuell übelriechend.
- Mögliche Ursachen sind oft ungeklärt. Eichenrinde gilt als Gegenmittel von einigen unverträglichen und giftigen Pflanzen sowie giftigen Pilzen.
- Dem Eichenrinde-Absud können Sie 1 Teelöffel Salbeiblätter (Folia Salviae) oder Thymiankraut (Herba Thymi) hinzufügen.

Schafgarbe

Die Schafgarbe besitzt eine umfassende Heilwirkung und wird von den Pferden meistens gut vertragen. Zubereitung/Anwendung: 1½ Eßlöffel Schafgarbenkraut übergießen Sie mit ¼ Liter kochendem Wasser, lassen 5 Minuten ziehen, sieben gründlich ab und geben den Aufguß täglich in das Diätfutter. Statt dessen können auch 1–2 Eßlöffel Frischsaft (Reformhaus) mit der gleichen Menge Wasser verabreicht werden.

Empfehlenswert ist ein Mischtee aus 2 Teilen Schafgarbe und 1 Teil Tausendgüldenkraut (Centaurium umbellatum – Pflanzendroge: Herba Centaurii).

- Schafgarbe wirkt adstringierend, antiphlogistisch (entzündungshemmend), krampflösend und schmerzstillend. – Bei krampfartigen, breiförmigen, auch verflüssigten, sowie übelriechenden Durchfällen mit Gasbildung.
- Mögliche Ursachen: Unterkühlung, bakterielle und virale Infektionen, Transportbelastung, eventuell verdorbene Futtermittel.

Echte Kamille

Eine besondere Eigenschaft von Kamille ist ihre krampflösende und reinigende Wirkungsweise. Zubereitung/Anwendung: 2 Teelöffel Kamillenblüten (Flores Chamomillae) mit ¼ Liter kochendem Wasser übergießen, 3 Minuten ziehen lassen und gründlich absieben. Lauwarm bis kühl in das Diätfutter oder -brei mengen.

- Die Echte Kamille wirkt antiphlogistisch (entzündungshemmend), krampflösend, beruhigend (Überdosis kann Unruhe bewirken), bei krampfartigen, schleimigen, auch grünlichen Durchfällen. Auch heftig, mit Gasbildung, eventuell übelriechend.

DARMKATARRH

- Mögliche Ursachen: Unterkühlung, bakterielle Infekte, Streßbelastung, körperliche Überanstrengung, Zahnwechsel.
- Auf eine dauerhafte Anwendung von Kamille (als Tee oder Kräuterzufutter) können manche Pferde mit einer gewissen Unruhe oder Unwilligkeit reagieren.

Große und Kleine Brennessel

Diese vielseitige Wildpflanze, die mit zu den wichtigsten Heilkräutern für Pferde zählt, hilft auch bei Darmkatarrh bzw. Durchfallerkrankungen.

Zubereitung/Anwendung: Bei plötzlichem Durchfall ist der Teeaufguß notwendig – 1 Eßlöffel Brennesselkraut (Herba Urticae) mit 1/4 Liter kochendem Wasser übergießen, höchstens 2–3 Minuten ziehen lassen, absieben und mit dem Diätfutter oder Getreidebrei verrühren (Tagesmenge). Leidet das Pferd an leichtem, chronischen Durchfall, können Sie auch 1–2 Brennesselpflanzen ohne Wurzel (Vorsicht, Chemiedünger oder Pestizide) ernten und angetrocknet zufüttern – oder angekauftes Kraut verwenden. Zur Nachbehandlung, in der Ausheilungsphase, fügen Sie einer Kräutermischung anteilig Brennessel hinzu.

- Blutstillend, regelt die Verdauung, wirkt adstringierend (zusammenziehend), vermutlich entzündungshemmend. – Akute und chronische Durchfälle, insbesondere mit viel Schleimabsonderung. Eventuell Durchfall, der jedes Jahr wieder auftritt.
- Mögliche Ursachen: Unterkühlung, Wetterwechsel (warme auf kalte, auch naßkalte Witterung), bakterielle Infekte, Allergie (z. B. milchzuckerhaltige Zusatzpulver, Futtermittel, Sauerampfer).

Eberraute (Artemisia abrotanum)

Die zur Familie der Korbblütler gehörende Eberraute ist eng verwandt mit dem Beifuß und Wermut. Diese Pflanze, die hierzulande angebaut wird, hat bei chronischen oder wiederholt auftretenden Darmerkrankungen ihre Wirksamkeit bewiesen. Zubereitung/Anwendung: Erhältlich ist zum einen der alkoholische Auszug aus Eberraute (Tinctura Abrotani) oder zum anderen »Abrotanum« als Urtinktur (aus den frischen Blättern). Auf Bestellung bekommen Sie die Urtinktur in kürzester Zeit. Hiervon gibt man dem Pferd 1–2mal täglich 10 Tropfen auf ein trockenes Stück Brot oder direkt in das Maul. Bei deutlicher Besserung wird das Mittel abgesetzt.

- Hilfreich bei plötzlichem Durchfall, auch krampfartig mit Blähungen. Pferde, die aus unerklärlichen Gründen immer wieder zu Durchfällen neigen, trotz guter Fütterung nicht an Gewicht zunehmen! Verdacht auf Verwurmung, obwohl Wurmkuren durchgeführt wurden. Möglicherweise durch Unterkühlung, feucht-kalte Witterung verursachter Darmkatarrh.

DARMKATARRH

Sehr empfindlichen Pferden sollte man besser Abrotanum in der homöopathischen Verdünnung D4 oder D6, und zwar 2mal täglich 10 Tropfen (Dil.) oder 10 Streukügelchen oder 2 Tabletten geben. Abrotanum half schon zahlreichen Pferden, die trotz guter Fütterung und regelmäßiger Entwurmung mager und schwächlich waren – die an wiederholten Verdauungstörungen litten.

Apfelbaum (Pirus malus)
In früheren Zeiten war der frische, zerkleinerte Apfel ein angesehenes Mittel bei Durchfällen unterschiedlichster Entstehung. Zweifellos zeigt die Apfelkur auch bei Pferden ihre Wirksamkeit. Das Pektin saugt einerseits Wasser auf, bildet im Darm schleimähnliche Quellstoffe, die einen reizmildernden, schützenden Einfluß haben, und andererseits nimmt es wasserlösliche Giftstoffe auf, die mit dem Kot ausgeschieden werden. Zubereitung/Anwendung: Keinesfalls Äpfel verwenden, die kalt, unreif oder überreif sind. Täglich 3 Äpfel in kleine Stücke zerteilen (gespritzte Äpfel schälen) und in das Diätfutter mischen. Wirkungsvoller sind täglich 4-5 Äpfel, die zu Mus verarbeitet und dann gefüttert werden.
- Empfehlenswert als begleitende Therapie bei leichten Durchfällen.

Medizinische Kohle
(Carbo activatus)
Es ist eine alte Weisheit, daß nach der Anwendung von medizinischer Kohle immer ein Abführmittel folgen sollte. Kohle für Heilzwecke wird z. B. aus dem Holz der Birke und Buche gewonnen, und zwar durch feinst verteilte Verkohlung mit anschließender Reinigung. Obwohl medizinische Kohle in der Lage ist, zahlreiche im Darm befindliche Schadstoffe an sich zu binden, nimmt sie doch gleichzeitig auch für den Körper nützliche Stoffe auf (z. B. Vitamine, Verdauungsenzyme). – Paraffinöl für medizinische Zwecke (Apotheke) eignet sich beispielsweise als schnell wirkendes Abführmittel. Es wird mittels einer 10-ml- bis 20-ml-Einmalspritze (ohne Kanüle) seitlich und langsam in das Pferdemaul gespritzt; gleichsam wie bei der Eingabe von Wurmpaste.

Für eine **Heil-Kräutermischung**
100 g Brennessel-Kraut
    (Herba Urticae)
100 g Brombeer-Blätter
    (Folia Rubi fruticosi)
80 g Eichen-Rinde
    (Cortex Quercus)
80 g Eibisch-Blätter
    (Folia Althaeae)
50 g Fenchel-Samen
    (Fructus Foeniculi)
100 g Malvenblätter u. -blüten
    (Folia et flores Malvae)
100 g Pfefferminz-Blätter
    (Folia Mentha piperitae)
80 g Salbei-Blätter
    (Folia Salviae)
100 g Schafgarben-Kraut
    (Herba Millefolii)

DARMKATARRH

Die Fenchelsamen sollten zerstoßen oder pulverisiert sein; Fenchel nicht an trächtige Stuten verfüttern. Diese Mischung können Sie über zwei Monate zufüttern, das heißt, im Anschluß an die gezielten Teeaufguß-Anwendungen.

- Die Heilmischung sollte keinesfalls gemeinsam mit den oben genannten Anwendungen zugefüttert, noch als Mischtee verwendet werden.

Die homöopathische Arznei »Abrotanum« (ab D4) können Sie – wenn notwendig – weiterhin verabreichen.

Alle Zutaten der Kräutermischung gut vermischen und in einer großen undurchsichtigen Tüte oder einem verschließbaren Eimer aufbewahren. Tagesration in das Futter geben; etwas Sonnenblumenöl oder Lebertran hinzufügen; zudem 1–2 Eßlöffel Knoblauchfrischsaft oder 1–2 Knoblauchzehen.

Bezugsquellen: Apotheke, teilweise Reformhaus, biologischer Heilpflanzenanbau. Dosierung der Kräutermischung: Pferde (Gewicht über 500 kg) 50 g täglich; Pferde, Ponys (Gewicht unter 500 kg) 30–40 g täglich. Erntezeiten und weitere Angaben siehe Seite 93.

Heilpflanzen

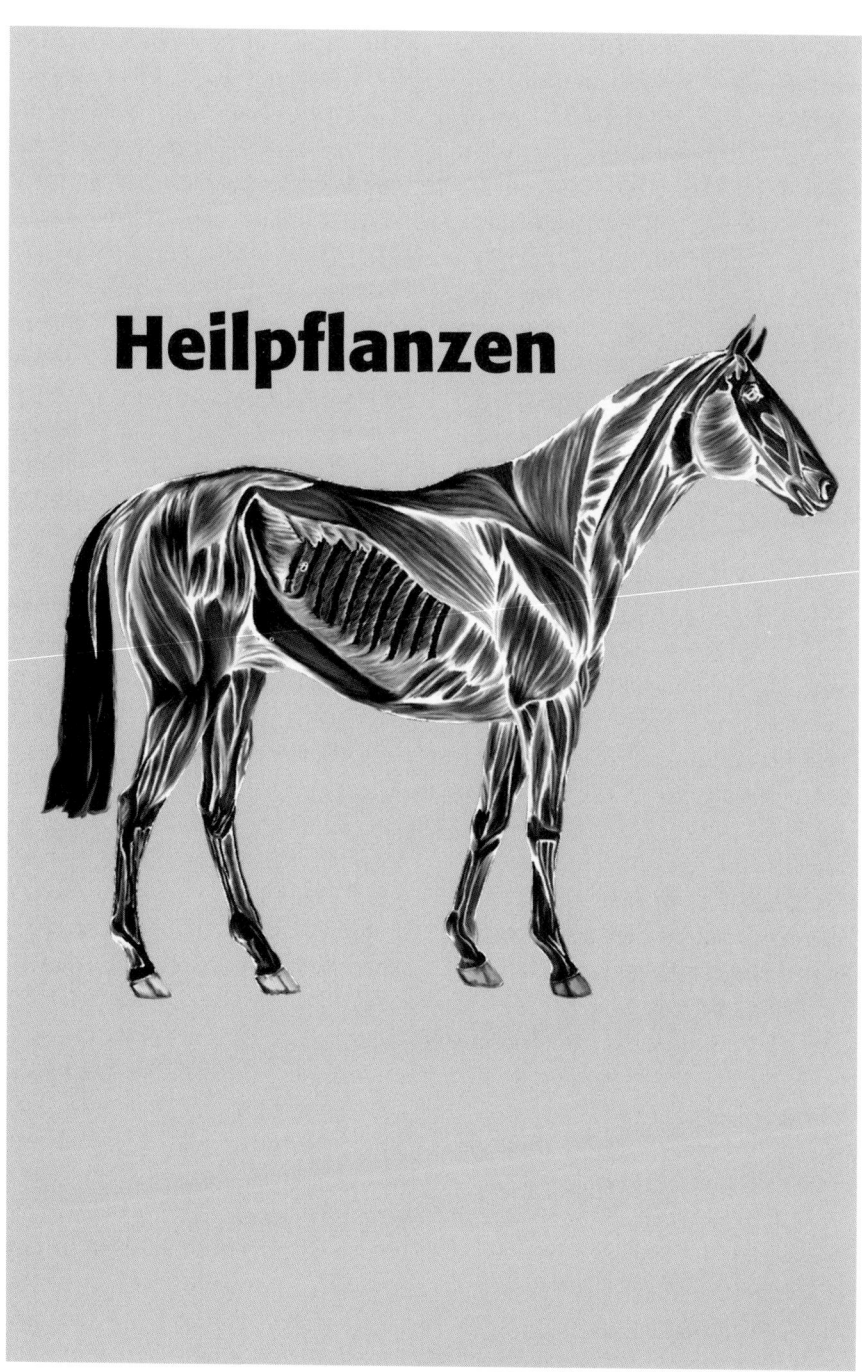

»Alle Wissenschaft und alle noch so hoch entwickelte Experimentierkunst reicht nicht zur Bewältigung von Problemen aus, die eine Pflanze gleichsam spielend löst. Das soll keine Herabsetzung wissenschaftlicher Erfolge sein, sondern ein einfacher Hinweis darauf, daß in der Pflanze Kräfte wirken, die menschliche Kunst nicht zu ersetzen vermag, daß in ihr schöpferische Geheimnisse verborgen sind, die auch der Wissenschaft verborgen bleiben.«

Prof. Dr. H. Meierhofer

Ein Wort zuvor

Kräutermischungen

Seit vielen Jahren erhalten meine Pferde ihr tägliches Kräuterzufutter, das entweder aus frischen oder getrockneten Heilpflanzen besteht. Damit ich die Wirkungsrichtung und Bekömmlichkeit, sowie eventuelle Nebenwirkungen genau beobachten und danach die Dosierung bestimmen konnte, verfütterte ich zu Beginn die unterschiedlichsten Heilpflanzen und stellte erst anschließend die Mischung zusammen.

Es macht viel Freude, für jedes Pferd eine passende Kräutermischung zu finden und mitzuerleben, wie es gesünder und ausgeglichener wird. Ich hoffe, daß Ihnen die gut begründeten Angaben des »Kapitel der Heilpflanzen« behilflich sind, um die richtigen Kräuter für Ihr Pferd auszuwählen.

Bei weitem nicht alle Heilpflanzen sind für die Pferde bestimmt. Bekömmlich sind – mit einigen Ausnahmen – gerade diejenigen Pflanzen, welche in der Umgebung unserer Pferde gedeihen. Pferde, die kräuterreiche Weideflächen gewohnt sind, finden instinktiv die für sie notwendigen Heil- und Futterpflanzen. Bei Bedarf fressen sie auch die Rinde, Zweige und Blätter von Bäumen oder Sträuchern. Da wir Kräutermischungen nach unserem Ermessen zusammenstellen, auch den Zeitpunkt und die Anwendungsdauer des Zufutters festlegen, sollte unbedingt auf abwechslungsreiche Beigaben geachtet werden. Hierzu gehört auch die genaue Beobachtung der Wirkungsweise eines Kräuterzufutters, denn ein jedes Pferd kann unterschiedlich auf die jeweiligen Heilpflanzen reagieren.

Gerade in letzter Zeit gibt es zahlreiche Angebote von Fertig-Kräutermischungen. Diese müssen in festen, undurchsichtigen Papiertüten oder verschlossenen Behältern angeboten werden. Überprüfen Sie, ob die zerkleinerten Pflanzenteile gut erkennbar und nicht ausgeblichen sind. Auch sollten sie weder verstaubt, noch schimmelig riechen. Bei einer sehr intensiv duftenden Kräutermischung, welche außerdem von feuchter und eher pulverisierter Beschaffenheit ist, besteht der Verdacht, daß ölige Aromastoffe hinzugefügt wurden, die nicht unbedingt ein Naturprodukt sein müssen.

Abenteuerlich ist die unbestimmte Beimischung von Sonnentaukraut (Drosera rotundifolie). Diese insektenverzehrende Moorpflanze, die in der Kräuterheilkunde als bedeutendes Hustenmittel zur Verfügung steht, sollte den pflanzenfressenden Pferden – wenn überhaupt – nur genau dosiert verabreicht werden. Der etwas sonderbare Geruch von Holunderblüten wirkt auf instinktsichere Pferde nicht gerade anziehend und vielfach ist zu beobachten, daß selbst in Reichweite wachsende blühende Sträucher nur selten schmackhaft sind. Die Bezeichnung »Seealgen«, wie wir sie auf mancher Verpackung lesen, ist äußerst unklar gedeutet. Braunalgen, z. B. Zucker-, Finger- und Palmentang, die in kälteren Meeren vorkommen, sind unter anderem Rohstoffe für die Futter- und Düngemittelindustrie. Rotalgen, die hauptsächlich im Küstenbereich des Atlantik, der Nord- und Ostsee wachsen, werden oft zur Herstellung von Süßspeisen verwendet. Gerade Braunalgen enthalten zahlreiche Mineralsalze und Spurenelemente – nur, ob sich diese heilsamen Meeresbewohner als Zufutter für Pferde eignen, bleibt dahin gestellt. Wer die Nerven seines Pferdes mit einer Mischung aus Hopfenblüten und weiteren Pflanzen beruhigen möchte, sollte wissen, daß Hopfen mitunter sehr müde macht. Gerne wird auch eine Kräutermischung mit Baldrianwurzel verwendet, wobei man dem Pferd – in bestimmtem Situationen – besser eine einmalige Gabe der bekannten Baldriantinktur verabreicht, bevor man es auf die Dauer mit allerlei Zutaten ruhig hält. Lieblich duftende Lavendelblüten haben unter anderem eine leicht beruhigende Wirkung, doch wurden sie von meinen Pferden verschmäht. Die Anwendung von Wacholderbeeren war schon der früheren Tierheilkunde bekannt. Zur Blutreinigung, bei Freßunlust und Koliken gebrauchte man vorübergehend zerdrückte Beeren oder den alkoholischen Auszug – eine hoch dosierte, noch längerfristige Eingabe kann gesundheitsschädigend sein.

Es wäre zu wünschen, daß die Anbieter von Kräuterzufutter ihre Inhaltsangaben präziser gestalten.

Kräuter aus Apotheke, Reformhaus, biologischem Heilpflanzenanbau

In der Apotheke erhalten Sie getrocknete Heilpflanzen, die gemäß den Richtlinien des Deutschen Arzneimittelbuches (DAB) geprüft wurden. Diese, seit 1978, regelmäßig durchgeführten Prüfungen beinhalten: die Identität der Pflanze, soweit bekannt ihre Wirkstoffe oder andere Inhaltsstoffe, den Wirksamkeitsnachweis, Dosierung, Aufbewahrung. Hierzu gehört auch eine Kontrolle auf Rückstände, wie z. B. Pestizide und Schwermetalle.

Der Einkauf im Reformhaus bietet die Garantie, daß Sie hier Heilkräuter und Pflanzenfrischsäfte von biologischen Anbauflächen bekommen. Von Bedeutung ist die naturgemäße Düngung mit dem Verzicht auf chemische Schädlingsbekämpfungsmittel, sowie die regelmäßige Entnahme und Kontrolle von Bodenproben. Frischsäfte werden mit größter Sorgfalt hergestellt; gleich nach der Ernte erfolgt die schonende Verarbeitungsweise und Abfüllung, mit Konservierung in luftdicht verschlossenen Flaschen.

Einige Betriebe des biologischen Heilpflanzenanbaues zeichnen sich durch ihre langjährige Erfahrung, kenntnisreiche, sowie vorbildlich naturgemäße und liebevolle Aufzucht der Pflanzen aus. Dort erhalten Sie Samen, Jung- und Frischpflanzen, sowie die Pflanzendroge.

Kräuterwiese

Ein kräuterreiches Futter von organisch gedüngten Wiesen und Weiden ist die beste Voraussetzung für die Gesundheit unserer Pferde. Bei allen Neuanlagen, Nachsaaten und Bepflanzungen müßten verschiedene Punkte berücksichtigt werden. Von großer Bedeutung ist die richtige Düngung – mit gut abgelagertem Stallmist oder/und Kompost, sowie ausreichenden Gaben von Mineralstoffen und Spurenelementen (regelmäßige Bodenanalyse).

Beachten Sie bitte auch den Lebensbereich, Wasser- und Lichtbedarf einer jeden Pflanze. Obwohl viele Pflanzen gerne eine Wiesengemeinschaft bilden, keimen und wachsen sie auch dort, wo es ihnen zusagt.

Für die Neuanlage brauchen Sie einen fachkundigen Helfer, denn die Zusammenstellung der Saatgutmischung (anteilig Gräser, Klee, Kräuter) muß genau berechnet und das Saatgut maschinell ausgesät werden. Eine Nachsaat in die Wiese oder Weide können Sie auch per Hand vornehmen. Damit Sie sehen, welche Heilpflanzen sich in der Nähe Ihrer Pferde ansiedeln, säen Sie fünf in Frage kommende Kräuter aus. Der beste Zeitpunkt für die Aussaat ist der Mai (frostfreie Tage), August und September. Staudenpflanzen, wie beispielsweise der Frauenmantel, die Schafgarbe und Wegwarte eignen sich gut zum Bepflanzen (Mai, August, September). Hierfür müßte die Weidefläche stillgelegt sein oder für Monate zum Teil abgegrenzt werden.

Ernten von Heilpflanzen

Damit Sie Ihr Pferd nicht in Gefahr bringen, ernten Sie nur Heilkräuter und Pflanzenteile, die Ihnen genau bekannt sind! Ernten Sie nur von solchen Plätzen, die weder chemisch gedüngt, noch mit Schädlingsbekämpfungsmitteln behandelt wurden. Bei Ihrer Suche nach wildwachsenden Heilkräutern nehmen Sie bitte Rücksicht auf die Pflanzen- und Tierwelt. Selbstverständlich dürfen Wildkräuter, die unter Naturschutz stehen, nicht gesammelt werden.

Das Trocknen

Gleich nach dem Ernten sollten Sie die Kräuter und Pflanzenteile – an schattiger, luftiger Stelle – auslegen oder aufhängen. Gut eignen sich Zimmerdecken, Schränke und ähnliches. Kräuter sind dann richtig trocken, wenn sie in der Hand rascheln und können nun zerkleinert werden. Nähere Angaben für den Trockenvorgang, insbesondere von Wurzelteilen, finden Sie unter der Rubrik »Trocknung«, der einzelnen Heilpflanzenporträts.

Eigener Anbau

Heilpflanzen sind nicht nur nützlich, sondern häufig auch sehr dekorativ. Es gibt zahlreiche Gestaltungsmöglichkeiten für die Bepflanzung von Heilkräutern. Sei es im Garten, Balkonkasten oder in Stallnähe – vielleicht pflanzen Sie statt einer Zierblume die aromatische Minze und den reichblühenden Thymian oder säen Echte Kamille und die hübsche Wilde Malve.

Homöopathische Arznei und Bach-Blüten

Nicht allein für therapeutische Zwecke, sondern hauptsächlich als informative Ergänzung steht unter jeder Heilpflanze ihre Bezeichnung in der Homöopathie und vereinzelt als Bach-Blüte. Die Pflanzenheilkunde (Phytotherapie), Homöopathie und Bach-Blütentherapie sind drei grundsätzlich verschiedene Behandlungsmethoden, die man eigentlich nicht in einem Atemzug nennen sollte. Nur kann es im täglichen Leben oft sinnvoll sein, jene Naturheilverfahren miteinander zu kombinieren.

Die im Abschnitt »Sehnen und Muskeln« genannten homöopathischen Arzneien haben sich gerade bei diesen Erkrankungen bewährt; eine genaue Erklärung der Prinzipien, Methodik und Arzneimittellehre der Homöopathie würde den Rahmen dieses Buches bei weitem sprengen.

Hier soll auch keinesfalls der Eindruck entstehen, daß die Homöopathie nur Pflanzen verwendet – sie braucht Stoffe aus dem Reich der Pflanzen, Tiere und Mineralien. Das, was die homöopathischen Arzneien ausmacht, ist ihre Herstellung, die nach bestimmten, festgelegten Grundsätzen erfolgt.

Hinsichtlich der Bach-Blütentherapie für Pferde wäre zu bedenken, daß die Auswahl der Blüten vor allem die Dosierung der auf ihre Weise heilkräftigen Verdünnungen ein feines Gespür und einige Erfahrung voraussetzen. Dr. Bach fand auf intuitivem Wege 38 wildwachsende Pflanzen, die nach seinem Empfinden mit göttlichen Heilkräften angereichert und Pflanzen »Höherer Ordnung« sind*. – Da alle Pflanzen einer »Höheren Ordnung« entspringen, gäbe es für uns alle noch unendlich schöne Wege der sensitiven Erfahrung.

Ackerschachtelhalm
Equisetum arvense
(Schachtelhalmgewächse)

Der Ackerschachtelhalm ist nicht nur ein ausgezeichnetes Heilkraut für Pferde, sondern auch eine ungewöhnliche Pflanze. Im Frühjahr zeigt sich der gelbbraune, fruchtbare Trieb, der gerne mit einem Katzenschwanz verglichen wird. Ist er verwelkt, erwächst aus ein und demselben Wurzelstock der grüne, sogenannte »Sommerwedel«, der einem winzigen Tannenbaum ähnelt. Diese sommerliche Pflanze enthält die heilsamen Wirkstoffe. Der Name »Zinnkraut« entstand, da man mit dem kieselsäurereichen Ackerschachtelhalm Zinngeschirr reinigen kann.

Standort: In Europa: auf lehmigen, sandigen, mageren Böden; an Wegrändern, unkultivierten Plätzen, Äckern, Böschungen, Steilhängen.

Wichtigste Inhaltsstoffe: Kieselsäure (3–16 %), Natrium-, Kalium-, Calciumsalze, Magnesium, Eisen, eine Reihe organischer Säuren, das Saponin Equisetum, Glycoside, Bitterstoff, Harz.

Erntezeit: Juni bis Anfang August. Nur aus eigenem Anbau (siehe Hinweis).

Heilkräftige Pflanzenteile: Der ganz grüne »Sommerwedel« ohne Wurzel (Herba Equiseti).

Heilwirkung: Blutreinigend, harntreibend, Mineralsalzmangel, Erkrankungen der Haut und Haare, Atemwege, der Niere und Harnwege.

Wie anwenden? Frisches oder getrocknetes Zinnkraut; innerlich (Bestandteil der Kräutermischung, Frischsaft); äußerlich (Aufguß, Frischsaft).

Eigener Anbau: Staudenpflanzen; bevorzugt unkultivierte, eher trockene, aber auch lehmig, feuchte Böden. Liebt eine sonnige Lage, freie Flächen, kann an verschiedenen Plätzen vorkommen. Da Zinnkraut in zahlreichen Gärten wild wächst, könnten Sie vielleicht Freunde oder Bekannte bitten, Ihnen eine Pflanze zu überlassen. Ansonsten erhalten Sie Ackerschachtelhalmpflanzen im biologischen Heilpflanzenanbau (siehe Bezugsquellen).

Trocknung: Pflanzen über dem Boden abschneiden, büschelweise aufhängen oder einzelne Kräuter auf Papier auslegen. An schattiger Stelle trocknen lassen. Die Pflanzen müssen ihre grüne Farbe behalten, gegebenenfalls aussortieren!

Bezugsquelle: Einwandfreies, getrocknetes Zinnkraut erhalten Sie in der Apotheke, im Reformhaus und biologischen Heilpflanzenanbau.

Fertigpräparate: Zinnkrautfrischsaft.

Homöopathische Arznei: Equisetum hiemale (aus dem frischen, unfruchtbaren Stengel des Winterschachtelhalm).

Kräuterwiese: Frischer Ackerschachtelhalm wird von den meisten Pferden bei Bedarf gerne gefressen. Bei einem halben Hektar Weidefläche können Sie

---
*) Bach-Blütentherapie, M. Scheffer; Ausg. 1989)

anfangs zwei bis drei Zinnkrautpflanzen setzen. Man müßte abwarten, wie rasch sie sich vermehren. Der Ackerschachtelhalm sollte nicht mit dem Sumpfschachtelhalm verwechselt werden.
Kräutermischung: Sehr gut für eine Dauermischung geeignet. Dieses Zufutter erspart kieselsäurehaltige Pulver.

Hinweis: Verwandt mit dem giftigen Sumpf- und Teichschachtelhalm! Der Sumpfschachtelhalm wächst bevorzugt auf staunassen Wiesen oder an sumpfigen Plätzen. Der Teichschachtelhalm an Gräben, Sümpfen, Teich- und Bachufern. Bei dem Sumpfschachtelhalm (Equisetum palustre) und Teichschachtelhalm (Equisetum limosum) befindet sich der fruchtbare und unfruchtbare Trieb an ein und derselben Pflanze. Diese zwei Schachtelhalmarten führen beim Pferd zu erheblichen Vergiftungen: z. B. Störungen der Bewegungsabläufe (Taumeln, Zuckungen, steifer Gang bis hin zu Lähmungen), auch auffällige Erregbarkeit, bei Überdosierung tödlich.

Die durch den Equisetum palustre verursachten Vergiftungserscheinungen sind schon sehr lange bekannt und werden etwa seit der Jahrhundertwende als »Schachtelhalmkrankheit« bezeichnet. Erfahrene Landwirte suchen ihre Feuchtwiesen vor dem Auftrieb nach Sumpfschachtelhalm ab. Da diese Pflanze ein »Kalkflüchter« ist, findet man sie auf derart bewirtschafteten Weideflächen seltener.

Ernten Sie bitte den Ackerschachtelhalm nur aus eigenem Anbau oder kaufen Sie vorzugsweise getrocknete Pflanzenteile.

Anis
Pimpinella anisum
(Doldenblütler)

Der vermutlich im Orient beheimatete Anis ist eine jahrtausendealte Kulturpflanze, die ein warmes, mildes Klima bevorzugt und vorwiegend im östlichen Mittelmeergebiet angebaut wird. Obgleich Anis seit geraumer Zeit einen festen Platz in der Pflanzenheilkunde hat, ergab sich kein volkstümlicher Name.

Allein durch seine Verwandtschaft mit weiteren Doldenblütlern entstanden die Bezeichnungen »süßer Kümmel« oder »weißer Fenchel«.

Nicht nur die Heilwirkung von Anissamen ist bemerkenswert, sondern auch sein besonderes Aroma, das manche Pferde ausgesprochen gerne mögen.

Standort: Mittelmeerraum; auch wildwachsend; gut kalkhaltiger und lehmiger Boden.

Wichtigste Inhaltsstoffe: Die Samen enthalten ätherisches Öl (Anethol), Eiweiß, Fettsäuren, Zucker, Cumarine.

Blütezeit: Etwa Mai – August.

Samenreife/Erntezeit: August, September; Samen nur bei trockenem Wetter ernten.

Bildteil
Heilpflanzen

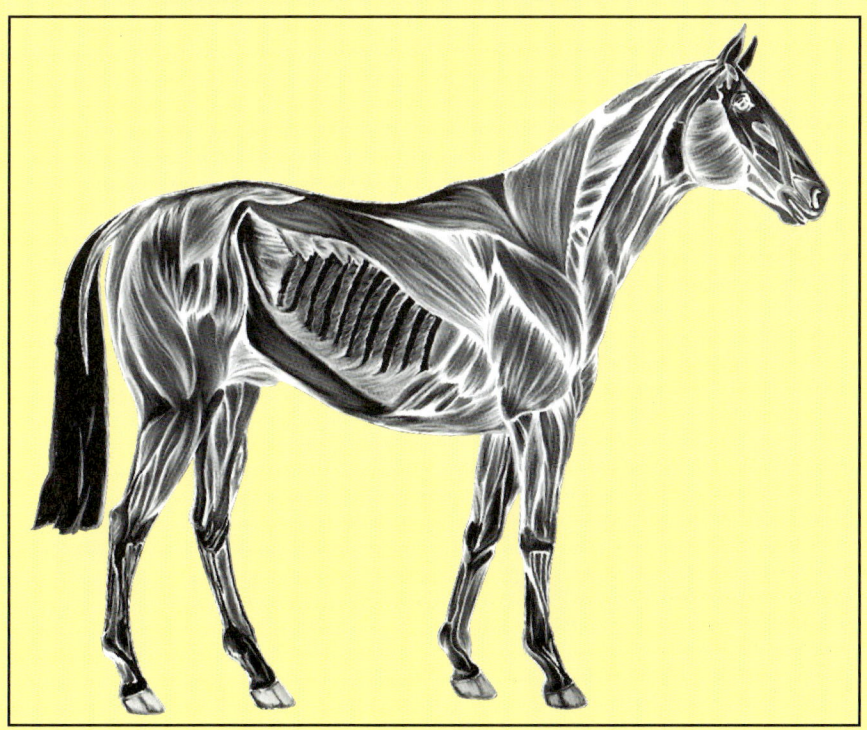

Equisetum arvense (Schachtelhalmgewächse) — Ackerschachtelhalm

Hinweis: Verwandt mit dem giftigen Sumpf- und Teichschachtelhalm! Der Sumpfschachtelhalm wächst bevorzugt auf staunassen Wiesen oder an sumpfigen Plätzen. Der Teichschachtelhalm an Gräben, Sümpfen, Teich- und Bachufern. Bei dem Sumpfschachtelhalm (Equisetum palustre) und Teichschachtelhalm (Equisetum limosum) befindet sich der fruchtbare und unfruchtbare Trieb an ein und derselben Pflanze. Diese zwei Schachtelhalmarten führen beim Pferd zu erheblichen Vergiftungen: z. B. Störungen der Bewegungsabläufe (Taumeln, Zuckungen, steifer Gang bis hin zu Lähmungen), auch auffällige Erregbarkeit, bei Überdosierung tödlich.

Arnica montana (Korbblütler) — Arnika

Hinweis: Obgleich die Pflanzenheilkunde und Homöopathie zwei grundverschiedene Behandlungsmethoden sind, darf nicht unerwähnt bleiben, daß die innere Anwendung von homöopathisch verdünnter Arnika für Pferde außeror- dentlich hilfreich sein kann. Um den Heilungsprozeß einzuleiten, reichen wenige Gaben. Sehr bewährt hat sich Arnika in D30, 10 Streukügelchen (Globuli), und zwar 1mal am Tag, folgend in drei Tagen!

Augentrost

Euphrasia officinalis (Rachenblütler)

Hinweis: Die Aufnahme von frischem Augentrost kann bei Pferden und Schafen zu Vergiftungserscheinungen führen: Entzündungen der Verdauungsorgane, blutiger Urin, Blutüberfüllung eines oder mehrerer Organe (Dr. J. Metzger).

Basilikum

Ocimum basilicum (Lippenblütler)

Bärlapp

Lycopodium clavatum (Bärlappgewächse)

Hinweis: Der Keulen-Bärlapp steht in Deutschland, Österreich und der Schweiz unter Naturschutz

Beinwell
Symphytum officinale
(Rauhblattgewächse)

Bockshornklee
Trigonella foenum graecum
(Schmetterlingsblütler)

Birke
Hänge-, Warzen-, Weißbirke
Betula pentula (Birkengewächse)

Hinweis: Ebenso wie die Buche, verträgt die Birke keine starken Erdstrahlen. Obgleich die Birke – oft von Menschenhand gepflanzt – auf diesen energiereichen Plätzen wachsen kann, weicht sie den Erdstrahlen doch auf ihre Weise aus oder sie wird krank. So teilt sich ihr schlanker Stamm bald über dem Boden und nicht selten befallen sie schmarotzende Pilze oder Pflanzen.

Hinweis: Beachten Sie bitte, daß die Brennessel auch eine Futterpflanze für Schmetterlinge und Schmetterlingsraupen ist.

Große und Kleine Brennessel

Urtica dioica (Nesselgewächse)

Brombeere

Rubus fruticosus (Rosengewächse)

Fenchel

Foeniculum vulgare (Doldengewächse)

Hinweis: Von der innerlichen Anwendung von ätherischem Öl aus Fenchelsamen wäre abzuraten. Es kann Magen- Darmstörungen, Nierenreizung, Erregungszustände verursachen und zudem stark wehenanregend wirken.

Eiche, Stiel-Eiche

Quercus robur (Buchengewächse)

Gänseblümchen

Bellis perennis (Korbblütler)

Hinweis: Die Arzneimittelprüfung am Menschen hat ergeben, daß die wiederholte, innerliche Gabe der Tinktur einen deutlichen Einfluß auf die weiblichen Geschlechtsorgane hat (unter anderem krampfhaftes, wehenartiges Gefühl). Daher wäre die innere Anwendung von Bellis perennis während der Trächtigkeit wenig empfehlenswert.

Alchemilla vulgaris (Rosengewächse)

Hinweis: Das Hirtentäschel hat unter anderem die Eigenschaft, die Kontraktionen der Gebärmutter zu steigern. Daher ist die Anwendung dieser Pflanze nach der Geburt sehr hilfreich, aber nicht (!) während der Trächtigkeit. Ist die Weidefläche den Pferden bekannt, wird das dort wachsende Hirtentäschel nur bei Bedarf gefressen.

Hinweis: Da Huflattich während der Schwangerschaft gegenangezeigt ist, sollten trächtige Stuten vorsichtshalber keinen Huflattich bekommen.

Capsella bursa-pastoris (Kreuzblütler)

Tussilago farfara (Korbblütler)

Isländisch Moos

Cetraria islandica (Flechten)

Hinweis: Bitte beachten Sie, daß ein längerfristiges Zufüttern von hohen Dosen Isländisch Moos, zu Störungen der Verdauungsorgane und der Leber führen kann.

Hinweis: Aus überlieferten Beobachtungen geht hervor, daß sich bei weidenden Pferden nach dem Genuß von Johanniskraut, Schwellungen im Maulbereich bilden können, und zwar besonders unter Sonnenbestrahlung. Auch bei Pferden (und Rindern), die Heu mit getrocknetem Johanniskraut gefressen hatten und sich anschließend in der Sonne aufhielten, kam es vereinzelt zu Ausschlägen an hellen pigmentierten Hautpartien. (Dr. G. Madaus)

Echtes Johanniskraut

Hypericum perforatum (Johanniskrautgewächse)

Hinweis: Auf den ersten Blick kann die Echte Kamille mit der Römischen und der Hundskamille verwechselt werden. Die Römische Kamille besitzt nicht die gleiche Heilwirkung. Hundskamille, die keine Heilpflanze ist, wächst kleingedrungen und riecht muffig. In Küstennähe wächst die geruchslose Strandkamille, ist aber für Heilzwecke ungeeignet. Um festzustellen, ob Sie die Echte Kamille in den Händen halten, zerteilen Sie die sattgelben Blütenköpfe in der Mitte – der Blütenboden muß hohl sein.

Echte Kamille

Matricaria chamomilla (Korbblütler)

Hinweis: Die Kletterblüten haften deshalb so hartnäckig, damit sie sich während ihrer »Wanderschaft« vermehren können.

Große Klette

Arctium lappa (Korbblütler)

Knoblauch

Allium sativum (Liliengewächse)

Hinweis: Die sehr haltbare Knoblauch-Tinktur ist in der naturheil-kundlichen Stallapotheke unentbehrlich.

Großblütige Königskerze

(Verbascum densiflorum)

Gewöhnlicher Löwenzahn

Taraxacum officinalis (Korbblütler)

Pulmonaria officinalis (Rauhblattgewächse)

Echtes Lungenkraut

Melissa officinalis (Lippenblütler)

Melisse

Petroselinum sativum
(Doldengewächse)

Petersilie

Hinweis: Die Petersilie kann leicht mit den giftigen Schierlingspflanzen verwechselt werden. Damit Sie sicher sind, ob sich nicht eine Schierlingspflanze in Ihr Kräuterbeet verirrt hat, prüfen Sie vor der Petersilienernte den Geruch der Pflanze. Die Petersilie riecht aromatisch-würzig, der Schierling hingegen eher widerlich.

Pfefferminze

Mentha piperita (Lippenblütler)

Hinweis: Das Pfefferminzöl darf trächtigen Stuten nicht eingegeben werden.

Gewöhnliche Quecke

Agropyron repens (Süßgräser)

Hinweis: Nach dem Genuß von frischer Ringelblume zeigte sich bei zwei Pferden blutig verfärbter Urin. Die Menge der aufgenommenen Pflanzen konnte nicht genau bestimmt werden. Ein ruhiges, altes Pferd fraß etwa sechs Blütenköpfe und benahm sich daraufhin auffallend zornig.

Ringelblume

Calendula officinalis (Korbblütler)

Salbei

Salvia officinalis (Lippenblütler)

Hinweis: Trächtigen Stuten sollte man vorsichtshalber keine Salbeiblätter zufüttern.

Spitz-Wegerich

Plantago lanceolata (Wegerichgewächse)

Gewöhnliche Schafgarbe

Achillea Millefolium (Korbblütler)

Echtes Tausendgüldenkraut

Centaurium erythrea
(Enziangewächse)

Gewöhnlicher Wacholder

Junipersus communis
(Zypressengewächse)

Echter Thymian

Thymus vulgaris (Lippenblütler)

Hinweis: Das Wilde Stiefmütterchen ist eine nahe Verwandte vom wohlriechenden Veilchen, auch Märzveilchen genannt (Viola odorata).

Wildes Stiefmütterchen
Viola tricolor (Veilchengewächse)

Echte Walnuß
Juglans regia (Walnußgewächse)

Wilde Malve
Malva silvestris (Malvengewächse)

ANIS

Heilkräftige Pflanzenteile: Die reifen Samen (Fructus Anisi).

Heilwirkung: Atemwegserkrankungen (schleim- und auswurffördernd); bei Durchfallerkrankungen (auch als begleitende Therapie), krampflösend, regelt die Verdauung. Steigert die Milchsekretion der Mutterstute; gilt als wehenanregendes und zudem geburtserleichterndes Mittel. Sehr hilfreich nach Insektenstich und zur Insektenabwehr.

Weitere Anwendung: Wirksam bei Läusen und Haarlingen.

Wie anwenden: Frische oder getrocknete Samen. Innerlich: Teeaufguß, ätherisches Öl (Inhalation), Äußerlich (Tinktur, ätherisches Öl, alkoholischer Auszug als Insektenspray).

Eigener Anbau: Einjährige Pflanze; erhältlich sind Pflanzen und Samen. Bevorzugt sonnige Lage, Beet, Kräutergarten, auch Balkonkasten, mäßig feuchten bis trockenen Boden, sehr frostempfindlich, muß windgeschützt wachsen. Vorzugsweise junge Pflanzen setzen, da die Aussaat nicht einfach ist. Bezugsquellen siehe Anhang.

Trocknung: Zur Samenreife wird die Pflanze bei trockener Witterung am Morgen abgeschnitten. Über die Dolde stülpt man eine Tüte und hängt sie angebunden kopfüber auf, so daß die Samen während des Trockenvorganges aufgefangen werden. Die restlichen Samen muß man meistens, wie Getreidekörner, ausdreschen. Zum Nachtrocknen streuen Sie die Samen auf eine Papierunterlage.

Aufbewahrung: Undurchsichtige Papiertüte, Pappschachtel oder dunkler, verschließbarer Glasbehälter. Mit Inhalt und Datum beschriften. Man kann sie etwa zwei Jahre aufbewahren.

Fertigpräparate: Anis-Öl (Oleum Anisi); Anis-Tinktur (Tinctura Anisi); ätherisches Öl aus Anis.

Bezugsquelle: Apotheke.

Homöopathische Arznei: Anisum (aus reifen Samen).

Kräuterwiese: Da die Anispflanze ein warmes Klima braucht und vor allen Dingen recht frostempfindlich ist, wäre sie für die Weidefläche ungeeignet. Säen Sie stattdessen den sogenannten Süßen Fenchel aus – eine gute Wiesen- und Futterpflanze.

Kräutermischung: Für die gezielte Anwendung (siehe Heilwirkung) können Sie einer 900 g Mischung ca. 80 g zerstoßenen, gemahlenen oder pulverisierten (Apotheke) Anissamen hinzufügen.

Hinweis: Beachten Sie bitte, daß trächtige Stuten vorsichtshalber keinen Anis erhalten sollten. Pferden, die zu einer Allergie neigen, sollte man Anis möglichst nicht zufüttern, da sich z. B. eine Heustauballergie verschlechtern kann.

Arnika
Arnika montana
(Korbblütler)

Die Arnika, volkstümlich auch Berg-Wohlverleih genannt, gehört mit zu unseren großartigsten Heilpflanzen für Verletzungen aller Art. In früheren Zeiten galt sie außerdem als hervorragendes Stärkungsmittel bei Herz- und Kreislaufbeschwerden. Wahrscheinlich trug die maßlose Anwendung von Arnika dazu bei, daß sie mehr und mehr in Mißkredit geriet. Erst neuzeitliche Untersuchungen rückten die dottergelb blühende »Margarite der Berge« wiederum in das Licht allgemeiner Aufmerksamkeit. Diese heilkräftige Arznei sollte wohl in keiner Stallapotheke fehlen.

Standort: Mittel- und Nordeuropa; auf ungedüngten, sauren Weiden und Wiesen, bevorzugt im Gebiet der Alpen und des Alpenvorlandes.

Wichtigste Inhaltsstoffe: Ätherisches Öl, Farbstoffe, Gerbstoff, Bitterstoff, Carbon- und Phenolsäure, Inulin.

Blütezeit: Mai bis Juli, auch August.

Erntezeit: Zur Blütezeit; nur aus eigenem Anbau, bei trockener und sonniger Witterung.

Anmerkung: Arnika steht in Deutschland, Österreich und der Schweiz unter Naturschutz!

Heilkräftige Pflanzenteile: Die Blüte (Flores Arnicae); Wurzeln mit Wurzelstock (Rhizoma Arnicae).

Heilwirkung: Bei Verletzungen, die durch Stich, Schnitt, Riß, Biß, Quetschung, Zerrung oder Schlag verursacht wurden (Wundversorgung, Satteldruck, Erkrankungen der Muskeln, Sehnen und Gelenke). Auch nach schweren Geburten (Verdacht auf Geburtsrehe) kann insbesondere die homöopathisch verdünnte Arnika von Bedeutung sein – hier in Zusammenarbeit mit dem Tierarzt.

Wie anwenden: Frische oder getrocknete Blüten; nur äußerlich!; (1:10 mit Wasser verdünnte Tinktur, Aufguß). Arnika darf nicht auf offene Wunden gelangen! Bitte beachten Sie, daß die Tinktur ausreichend verdünnt wird. Es befinden sich auch pflanzliche Fertigpräparate im Handel, die Arnika enthalten und für die innere Anwendung von Pferden und Rindern bestimmt sind. Da Pferde häufig recht sensibel auf Arnika reagieren, wäre ein sparsamer Gebrauch zu empfehlen. (Packungsbeilagen beachten)!

Eigener Anbau: Staudenpflanze; Nicht einfach anzubauen. Bevorzugt sonnige Lage, mäßig feuchten Boden, freie Flächen, eventuell an Hecken oder Gehölzrändern. Als Staudenpflanze und Samen erhältlich (Bezugsquellen siehe Anhang).

Trocknung: Blüten abschneiden, den grünen Kelch entfernen und an schattiger, luftiger Stelle trocknen. Anschließend etwas zerkleinern und abermals nachtrocknen lassen.

Aufbewahrung: In undurchsichtiger Papiertüte oder dunklem Glasbehälter. Mit Inhalt und Datum beschriften.

Trocken aufbewahrt bis zu einem Jahr haltbar.
Bezugsquelle: Apotheke, teilweise im biologischen Heilpflanzenanbau.
Handelsübliche Präparate: Arnika-Tinktur (Tinctura Arnicae), Arnika-Salbe, DHU®, Arniflor, Spitzner/Schwabe®, Arnikal-Gel, DHU® (das Gel enthält zu gleichen Teilen Calendula).
Homöopathische Arznei: Arnika (aus dem getrockneten Wurzelstock);
Kräuterwiese: Arnika gehört nicht auf die Pferdeweide, da sie Herzrhythmusstörungen bis hin zu Kreislauflähmungen verursachen kann.
Kräutermischung: Sehen Sie bitte unter »Anwendung«.

Hinweis: Obgleich die Pflanzenheilkunde und Homöopathie zwei grundverschiedene Behandlungsmethoden sind, darf nicht unerwähnt bleiben, daß die innere Anwendung von homöopathisch verdünnter Arnika für Pferde außerordentlich hilfreich sein kann. Um den Heilungsprozeß einzuleiten, reichen wenige Gaben. Sehr bewährt hat sich Arnika in D30, 10 Streukügelchen (Globuli), und zwar 1mal am Tag, folgend in drei Tagen!

Augentrost
Euphrasia officinalis
(Rachenblütler)

Bereits am äußeren Erscheinungsbild läßt sich die Heilwirkung dieser kleinen Pflanze erahnen. Die weißen, violett gestreiften und im »Schlund« gelb gefleckten Blüten haben ein besonderes Merkmal – sie sehen wie lustige Augen aus.

Der Name »Euphrasia« kommt aus dem Griechischen und bedeutet Frohsinn oder Wohlbefinden. Es ist durchaus denkbar, daß man nicht nur die heilsame Wirkung bei Augenerkrankungen meinte, sondern freudiges Wohlbefinden in Zusammenhang mit der Sehkraft brachte.

Eine alte Bauernregel besagt: Auf eine reiche Augentrostblüte folgt ein strenger Winter.

Standort: Fast überall in Europa; bevorzugt trockene Böden; auf Wiesen und Weiden, in lichten Wäldern und Heidegebieten.
Wichtigste Inhaltsstoffe: Das Glycosid Acubin, ätherisches Öl, Gerbstoff, bläulicher Farbstoff, Harz.
Blütezeit: Juli – etwa Anfang Oktober.
Erntezeit: Juli – September.
Heilkräftige Pflanzenteile: Das blühende Kraut ohne Wurzel (Herba Euphrasiae).
Heilwirkung: Augen: Reizzustände oder Entzündungen der Bindehaut, des Lidrandes, des Tränenkanals, der Hornhaut.
Wie anwenden: Das frische oder getrocknete Kraut; nur äußerlich!, (als Aufguß, Augentropfen und -salbe). Weitere Angaben finden Sie im Abschnitt »Insektenstich« unter Reizzustände der Augen.

Eigener Anbau: Im biologischen Heilpflanzenanbau sind meistens weder Augentrostsamen noch -pflanzen zu bekommen – wohl aber Frischpflanzen und getrocknete Kräuter für die Heilanwendung.

Trocknung: An schattiger, luftiger Stelle entweder büschelweise aufhängen oder einzeln auf einer geeigneten Unterlage ausbreiten. Anschließend zerteilen und wiederum nachtrocknen lassen.

Aufbewahrung: Undurchsichtige Papiertüte, Pappschachtel oder dunkler, verschließbarer Glasbehälter. Mit Inhalt und Datum beschriften. Höchstens ein Jahr aufbewahren.

Bezugsquelle: Apotheke.

Fertigpräparate: (Rezeptfrei), Euphrasia Augentropfen®D3 (DHU), Ocutrulan®-Augensalbe, Truw-Mauch, (enthält Euphrasia, Ruta, Ecchinacea).

Homöopathische Arznei: Euphrasia officinalis (aus der frischen, blühenden Pflanze mit Wurzel).

Kräuterwiese: Augentrost ist auf Pferde-, Rinder- und Schafweiden eine unerwünschte Pflanze. Als Halbschmarotzerpflanze entzieht sie den Weidegräsern Nährstoffe und schmälert daher die Nahrung der Tiere. Zudem kann frischer Augentrost einige Beschwerden verursachen (siehe Hinweis).

Kräutermischung: Nicht geeignet. Obwohl eine Maximaldosierung von getrocknetem Augentrostkraut nicht festgesetzt ist, sollte man auf das Zufüttern verzichten.

Hinweis: Die Aufnahme von frischem Augentrost kann bei Pferden und Schafen zu Vergiftungserscheinungen führen: Entzündungen der Verdauungsorgane, blutiger Urin, Blutüberfüllung eines oder mehrerer Organe (Dr. J. Metzger).

Bärlapp
Lycopodium clavatum
(Bärlappgewächse)

Diese eigentümliche Pflanze, die einst fälschlicherweise zu den Moosen gezählt wurde, trägt den Namen »Keulen-Bärlapp«. Tatsächlich erinnern nicht nur die Sporentragenden Ähren des Bärlapp an kleine Keulen, auch der dicht am Boden hinkriechende, grüne und verzweigte Stengel hat ein moosähnliches Aussehen. Etwa im 16. Jahrhundert wurde die umfassende Heilwirkung dieser Pflanze erkannt und zur Behandlung von zahlreichen Erkrankungen gebraucht. Später entstand infolge der homöopathischen Verdünnungsweise eine wichtige Arznei, woraufhin die pflanzenheilkundliche Anwendung von Bärlapp deutlich in den Hintergrund trat.

Standort: In Europa, ausgenommen Teile des Mittelmeerraumes; lichte trockene Wälder, Nadelwälder, in Heidegebieten.

Wichtigste Inhaltsstoffe: Alkaloide, ein fettes Öl, organische Säuren, Aluminiumverbindungen, Harze.

Heilkräftige Pflanzenteile: Das Bärlappkraut (Herba Lycopodii).
Heilwirkung: Sommerekzem (Anwendungsdauer beachten), Ekzem in der Fesselbeuge (Mauke).
Wie anwenden: Getrocknetes Kraut; nur äußerlich! (als Aufguß).
Eigener Anbau: Nicht möglich. Die Sporen von Bärlapp keimen erst nach sechs bis sieben Jahren.
Aufbewahrung: Ist in einer undurchsichtigen, festen Papiertüte im Arzneihandel erhältlich, kann auch im dunklen Glasbehälter, etwa für ein Jahr, aufbewahrt werden.
Bezugsquelle: Apotheke.
Homöopathische Arznei: Lycopodium (aus den reifen Sporen).
Kräuterwiese: Nicht möglich (siehe Standort und Anbau).
Kräutermischung: Nicht geeignet, könnte zu Verdauungsstörungen führen.

Hinweis: Der Keulen-Bärlapp steht in Deutschland, Österreich und der Schweiz unter Naturschutz.

Basilikum
Ocimum basilicum
(Lippenblütler)

Das ursprünglich in Indien beheimatete Basilikum war in römischer Kaiserzeit nicht nur eine geschätzte Gewürz- und Heilpflanze, es galt auch als gesundes Kräuterfutter für Pferde und Rinder. Der römische Naturwissenschaftler Plinius verwies darauf, daß das Futter aus einigen grünen Zweigen bestand. Auch wußte man zu berichten, daß Basilikum Schlangenbisse und Skorpionstiche heilt.
Etwa um die Jahrhundertwende wurde die 40 cm hohe, buschige Pflanze auch im deutschsprachigen Raum kultiviert. Obwohl Basilikum häufig als Speisewürze im Gebrauch ist, besitzt er doch eine beachtenswerte Heilwirkung.
Standort: Mittelmeerraum; wird angebaut (siehe Eigener Anbau).
Wichtigste Inhaltsstoffe: Ätherisches Öl (hauptsächlicher Wirkstoff), Gerbstoff, Saponin.
Blütezeit: Juni – September.
Erntezeit: Juni – September; das blühende Kraut nur bei trockenem, sonnigen Wetter ernten.
Heilkräftige Pflanzenteile: Das blühende Kraut ohne Wurzel (Herba basilici).
Heilwirkung: Atemwege; leichter Durchfall; nach Insektenstich, zur Insektenabwehr.
Wie anwenden: Frisches oder getrocknetes Kraut; innerlich (Futterzugabe, Aufguß, Inhalation mit dem ätherischen Öl); äußerlich (ätherisches Öl, Insektenspray).
Eigener Anbau: Einjährige Pflanze; Kräuterbeet und Balkonkasten; mäßig feuchter Boden, sonnige Lage, frostempfindlich, braucht Windschutz; darf nur mit lauwarmem Wasser gegossen werden.

Beinwell

Trocknung: Bündelweise an trockener, luftiger Stelle aufhängen oder auf einer sauberen Unterlage ausbreiten. Anschließend zerkleinern und abermals nachtrocknen lassen.

Aufbewahrung: Undurchsichtige Papiertüte oder dunklen Glasbehälter. Gut verschließen; mit Inhalt und Datum beschriften. Nicht länger als 1 Jahr aufbewahren.

Fertigpräparate: Ätherisches Öl aus Basilikum (Oleum basilici).

Bezugsquelle: Apotheke, Reformhaus, biologischer Heilpflanzenanbau, ansonsten eine Bezugsquelle Ihres Vertrauens.

Kräuterwiese: In gemäßigten Klimazonen kann Basilikum auch auf der Kräuterwiese gedeihen oder Sie sähen den Wiesenkümmel aus, der sich gut für eine Nachsaat eignet.

Kräutermischung: Nur vorübergehend anwenden (z. B. leichter Durchfall, Atemwege – hier als kleiner Bestandteil einer Kräutermischung).

Beinwell
Symphytum officinale
(Rauhblattgewächse)

Der rosa bis violett blühende Beinwell wächst sehr gerne auf feuchten Wiesen, wird aber wegen seiner rauhen, borstigen Blätter zuweilen verschmäht. Nicht nur die Blätter dieser kräftigen Pflanze beinhalten heilsame Wirkstoffe, sondern hauptsächlich ihre saftige, spindelförmige Wurzel.

Im Altertum verwendete man den »Beinwurz« nach Knochenbrüchen, Verstauchungen, Zerrungen und verschiedenen Gelenkbeschwerden. Symphytum fand auch in den späteren Epochen allerhöchste Anerkennung und galt als zuverlässige Naturarznei für Mensch und Tier. Heute hat die »heilende Wurzel« einen bedeutenden Platz in der Pflanzenheilkunde und ist für die Behandlung unserer Pferde von großer Bedeutung.

Standort: Außer im Mittelmeerraum fast in ganz Europa; an Gräben, Bachufern, sehr verbreitet in staunassen Wiesen, wächst auch auf mäßig feuchten Weideböden, selbst als Randbewuchs.

Wichtigste Inhaltsstoffe: Allantoin, Spuren von Alkaloiden (Symphyto-Cynoglossin), Gerbstoffe, Schleim, Harz, Zucker.

Blütezeit: Mai – August.

Erntezeit: Geerntet werden die Wurzeln. Entweder im März und April oder Oktober und November.

Heilkräftige Pflanzenteile: Die Wurzel (Radix Symphyti).

Heilwirkung: Zur äußerlichen Anwendung nach Knochenbrüchen, Knochenhautentzündungen, Sehnenscheidenentzündung, Verletzungen, Muskeln, Sehnen und Gelenke. Für die innere Anwendung ist der homöopathisch verdünnte Beinwell ausgesprochen hilfreich.

Anmerkung: Beinwell darf nicht auf offene Wunden gelangen und sollte

nicht länger als 4–5 Wochen angewendet werden.
Wie anwenden: Frische, gut abgewaschene oder getrocknete Beinwell. Äußerlich (Aufguß, Tinktur, Salbe).
Eigener Anbau: Staudenpflanze; Wuchshöhe 120 cm; auf feuchtnassen Böden recht problemlos anzubauen; freie Flächen, Ufer, staunasse Wiesen, auch im Garten; bevorzugt sonnige Lage bis Halbschatten. Erhältlich als Samen und Pflanze (Bezugsquellen siehe Anhang).
Trocknung: Die Wurzeln zur Erntezeit ausgraben (tief verwurzelt), gründlich abwaschen. Entweder in der prallen Sonne leicht antrocknen, dann zerteilen und weiterhin trocknen lassen oder Sie trocknen die Wurzel im 35 Grad warmen Ofen, bei geöffneter Tür. Die Wurzelstücke müssen sehr gut durchtrocknen, verschimmelte Teile aussortieren.
Aufbewahrung: An trockener Stelle in einem dunklen, gut verschlossenen Glasbehälter.
Bezugsquelle: Apotheke.
Fertigpräparate: Symphytum-Extern (DHU®), Traumaplant Salbe (Harras-Curarina®), Symphytum ist <u>ein</u> Bestandteil von Kytta Salbe und -Plasma (Kytta®).
Homöopathische Arznei: Symphytum (aus der frischen Wurzel vor der Blüte). Vorzugsweise ab D4, 2mal täglich 10 Tropfen (Dil.) und folgend über 2–3 Wochen. Bei Besserung der Beschwerden ist die Arznei sofort abzusetzen.

Kräuterwiese: Beinwell wurzelt tief, kann sich recht schnell vermehren, gilt als Bodenbefestiger und ist eine gute Bienen- und Hummelweide.
Kräutermischung: Nicht geeignet (siehe Anwendung).

Hinweis: Das Bundesgesundheitsamt verweist darauf, Beinwell nicht während der Schwangerschaft anzuwenden. Dieser Hinweis bezieht sich sowohl auf die innere als auch äußerliche Anwendung. Daher verzichten Sie bei trächtigen Stuten vorsorglich auf den längerfristigen Gebrauch von Symphytum.

Birke
Hänge-, Warzen-, Weißbirke
Betula pentula (Birkengewächse)

Wenn der Frühling gekommen ist und die Bäume »ausschlagen«, liefert die Birke besonders wertvolle Inhaltsstoffe. Ihre belaubten Zweige und die zarte Astrinde sind für die Pferde nicht nur sehr schmackhaft und gesund, sie erfüllen zudem als natürliche Zahnpflege ihren guten Zweck.
Die widerstandsfähige Birke war einer der ersten Bäume, die sich nach der Eiszeit in Nordeuropa ansiedelten – die arzneiliche Verwendung von Birke ist vermutlich unzählige Epochen alt. Für die Behandlung unserer Pferde bietet diese robuste Baumart vielseitige und hilfreiche Anwendungsmöglichkeiten.

Birke

Standort: In Europa, außer im Mittelmeerraum.
Wichtigste Inhaltsstoffe: Knospen: Ätherisches Öl, Phosphate. Blätter: Vitamin C, Calcium, ätherisches Öl, Gerbstoff, ein hoher Anteil Methylsalicylsäure. Rinde: ätherisches Öl, anteilig Methysalicylsäure, Gerbstoff, Betulin.
Blütezeit: März, April.
Erntezeit: Die Knospen zur Blütezeit. Die Blätter ab Mai bis Juli. Die Rinde ab Mai bis zum Hochsommer (entweder von abgeschnittenen Zweigen oder frisch gefällten Bäumen).
Heilkräftige Pflanzenteile: Die Knospen (Gemmae Betulae), die Blätter (Folia Betulae), die Rinde (Cortex Betulae). Durch trockene Destillation von Rinde und Holz wird das Birkenteer gewonnen (Pix Betulina oder auch Oleum Rusci).
Heilwirkung: Blutreinigend!; Stärkung der Abwehrkräfte; hilfreich bei Husten; leicht entwässernd, unterstützend bei Wasseransammlungen im Gewebe (Begleiterscheinung bei Erkrankungen der Haut, Niere und Harnwege, Geschlechtsorgane, des Bewegungsapparates oder Herzens). Birkenteer zur äußerlichen Anwendung ist hilfreich bei schuppiger, schorfiger Ekzembildung, sehr nützlich bei Hautpilzerkrankungen (zudem haarwuchsfördernd).
Wie anwenden: Knospen frisch; Frische oder getrocknete Blätter oder Rinde. Innerlich (für die Kräutermischung, auch frische Zweige zufüttern, eventuell Teeaufguß oder Rindenabsud); äußerlich (Birkenteer – 1 Teil Birkenteer, 5 bis 6 Teile Glycerin).
Anmerkung: Der Aufguß aus Knospen und Blättern darf nicht gekocht werden.
Trocknung: Knospen und Blätter an luftiger, schattiger Stelle gut trocknen lassen. Erst danach zerkleinern. Die Rinde zerteilen und dann zum Trocknen ausbreiten.
Aufbewahrung: In undurchsichtigen Papiertüten oder dunklen, verschließbaren Gläsern. Mit Inhalt und Datum beschriften. Eventuell Wintervorrat anlegen. Haltbar höchstens 1 Jahr.
Bezugsquellen: Apotheke, Frischsaft auch im Reformhaus.
Fertigpräparate: Birkenteer (Pix Betulina oder Oleum Rusci); Birkenfrischsaft.
Homöopathische Arznei: Nicht gebräuchlich.
Kräutermischung: Für eine langfristige Mischung sehr gut geeignet.

Hinweis: Ebenso wie die Buche, verträgt die Birke keine starken Erdstrahlen. Obwohl die Birke – oft von Menschenhand gepflanzt – auf diesen energiereichen Plätzen wachsen kann, weicht sie den Erdstrahlen doch auf ihre Weise aus oder sie wird krank. So teilt sich ihr schlanker Stamm bald über dem Boden und nicht selten befallen sie schmarotzende Pilze oder Pflanzen.

Große und Kleine Brennessel
Urtica dioica, Urtica urens
(Nesselgewächse)

Am Beispiel der Brennessel sieht man, daß eine großartige Heilpflanze weder blütenreich, noch farbenprächtig sein muß. Oft sind es gerade wildwuchernde »Unkräuter«, die sich in der Pflanzenheilkunde außerordentlich gut bewährt haben. Doch kaum ein Heilkraut ist dermaßen beliebt und gleichzeitig verhaßt, wie dieses »brennende« Nesselgewächs. Ihre spröden Haare enthalten eine Flüssigkeit, die nesselartige Hautausschläge hervorrufen; die Spitze der Haare bricht bei Berührung ab und dringt wie eine Einstechnadel in die Haut ein. Instinktiv fressen Pferde keine saftigen Brennesseln, wobei sie in welkem Zustand eine schmackhafte und gesunde Futterergänzung sind.

Schon im 1. Jahrhundert nach Christus beschrieb der griechische Arzt Dioskurides die ausgezeichnete Wirksamkeit der Brennessel. Seine umfassenden Aufzeichnungen wurden zu einem Leitfaden in der Naturheilkunde.

Standort: Wächst gerne in der Nähe von Häusern und Stallungen, an Wegrändern, Mauern, Hecken, in Wäldern. Gilt als Anzeiger für stickstoffhaltigen Boden.

Inhaltsstoffe: Hoher Chlorophyll- und Eisengehalt, Magnesium, Kalium, Calcium, Natrium, Kieselsäure, Vitamin C, Histamin, Ameisensäure, Gerbstoffe.

Blütezeit: Etwa Anfang Juli bis zum Herbst (unscheinbare, grünliche Blüten).

Erntezeit: Das blühende oder nichtblühende Kraut kann geerntet werden, die Wurzeln im September, Oktober bis Anfang November.

Heilkräftige Pflanzenteile: Die ganze Pflanze ohne Wurzeln (Herba Urticae), der Wurzelstock mit Wurzeln (Radix Urticae). Die Große und Kleine Brennessel unterscheiden sich in ihrer Wuchshöhe, der Blattform und -behaarung, haben aber die gleiche Heilwirkung.

Heilwirkung: Blutreinigend; bei Eisenmangel, Mineralstoffmangel; Stoffwechselstörungen; Haarausfall; Ekzem; Insektenstichallergie; Nesselausschlag (Urtikaria); harntreibend, unterstützend bei Erkrankungen der Niere und Harnwege; chronischem Durchfall (als begleitende Therapie); fördert den Milchfluß der Mutterstute. Kann mitunter den Hormonhaushalt beeinflussen. Eine achtjährige Stute geriet nach einer Gabe von 40 g Brennesselkraut in starke Hormonschwankungen.

Wie anwenden: Frische oder getrocknete Pflanzenteile; in den Futtereimer oder über das Heu (Silage) gelegt. Pferde bekommen ausschließlich angetrocknetes Brennesselkraut, wobei der Wurzelstock mit Wurzeln frisch und gut abgewaschen verfüttert werden kann. Ansonsten innerlich (als Aufguß, Frischsaft, vom Frischsaft etwa 1 Eßlöffel täglich); äußerlich (Aufguß, Frischsaft, Essigansatz).

Brombeere

Trocknung: Bei Bedarf fressen Pferde gerne abgemähte und wie Heu getrocknete Brennesseln.
Für die Vorratshaltung schneiden Sie das Kraut bei schönem Wetter über dem Boden ab und breiten es an einem schattigen, luftigen Platz zum Trocknen aus. Der Wurzelstock mit Wurzeln wird gründlich gereinigt und an luftiger, schattiger Stelle oder bei geöffneter Tür im 35 Grad warmen Ofen getrocknet. Anschließend zerkleinern. Verschimmelte Pflanzenteile müssen aussortiert werden.
Aufbewahrung: In undurchsichtigen Papiertüten und dunklen, verschließbaren Gläsern. Mit Inhalt und Datum beschriften. Bis zum nächsten Sommer aufbewahren.
Bezugsquelle: Wer die Brennessel nicht selbst trocknen möchte oder kann, bekommt die Pflanzenteile in der Apotheke, im biologischen Heilpflanzenanbau, Kraut und Frischsaft auch im Reformhaus.
Homöopathische Arznei: Urtica urens (aus der ganzen, blühenden Pflanze, mit Wurzel).
Kräuterwiese: Die Brennessel braucht nicht unbedingt ausgesät oder gepflanzt zu werden, denn sie wächst überall dort, wo es ihr gefällt.
Die Große Brennessel sieht man seltener auf freien Flächen, da sie eher den Halbschatten bevorzugt, aber z. B. auch Waldränder.
Kräutermischung: Ausgezeichnet für jede Dauermischung geeignet.

Hinweis: Beachten Sie bitte, daß die Brennessel auch eine Futterpflanze für Schmetterlinge und Schmetterlingsraupen ist.

Brombeere
Rubus fruticosus
(Rosengewächse)

Obwohl der Brombeerstrauch mit unzähligen kleinen Stacheln besetzt ist, wird er doch von einigen Pferden gerne verspeist. Im zeitigen Frühjahr und späten Herbst sind die belaubten Brombeerstiele eine ideale Futterergänzung. Diese weiß-rosa blühende und uralte Heilpflanze vermehrt sich auf ihre Weise. Überall dort, wo ihre dornigen Zweige den Boden berühren, schlagen sie Wurzeln. Fruchtbar sind die Austriebe erst im zweiten Jahr, erheben sich nun vom erdigen Untergrund, tragen Blüten und Beeren.
Standort: In Europa; an Zäunen, Hecken, in Gärten und Wäldern.
Wichtigste Inhaltsstoffe: Gerbstoff, Salicyl-, Oxal-, Apfel- und Zitronensäure.
Blütezeit: Juni – August.
Beerenreife: ab August.
Erntezeit: Die Blätter vor der Blütezeit, möglichst bei trockener Witterung.
Heilkräftige Pflanzenteile: Die Blätter (Folia Rubi fruticosi).
Heilwirkung: Blutreinigend; Erkrankungen der Haut (Ekzeme, Flechten, leichte Durchfallerkrankungen (als begleitende Therapie).

Wie anwenden: Frische oder getrocknete Blätter; innerlich (als Aufguß, Zutat einer Kräutermischung).

Eigener Anbau: Wilde Brombeeren wachsen an zahlreichen Plätzen und mögen einen sonnigen Standort. Da sich die Wilde Brombeere rasch ausbreitet, braucht sie viel Platz und muß, von Zeit zu Zeit (nach der Beerenernte), zurückgeschnitten werden. Verschiedene Arten der wilden Brombeere erhalten Sie in fast allen Baumschulen.

Trocknung: Die Blätter werden an trockener, luftiger Stelle ausgebreitet. Erst zerteilen, wenn sie richtig ausgedörrt sind.

Aufbewahrung: Undurchsichtige Papiertüte, Pappschachtel oder dunkle, verschließbare Glasbehälter. Mit Datum und Inhalt beschriften. Höchstens 1 Jahr aufbewahren.

Bezugsquelle: Wer nicht ernten möchte oder kann, erhält einwandfreie, getrocknete Blätter in der Apotheke oder im Reformhaus.

Kräutermischung: Brombeerblätter sind für eine längerfristige Kräutermischung gut geeignet.

Kegelblume, rote und schmalblättrige

Echinacea, purpurea und *angustifolia* (Korbblütler)

In der amerikanischen Volksmedizin ist die Echinacea oder »cone-flower« schon lange bekannt. Ein Dr. Meyer soll von Indianern erfahren haben, daß man mit einem Pflanzenbrei aus Echinacea Wunden und Schlangenbisse heilen kann. Daraufhin stellte der überzeugte Mann ein Präparat aus Echinacea her, welches etwa im Jahre 1885, unter dem Namen »Meyer's Blood Purifier« in den Handel kam. Eine dieser Flaschen gelangte in die Hände des Universitätsprofessors King. Obgleich recht skeptisch, machte er doch die ersten Versuche mit der Tinktur und das Ergebnis war derart befriedigend, daß er Echinacea als neue Heilpflanze einführte. Da zu jener Zeit keine zuverlässigen Forschungsergebnisse vorlagen, regte sich bald der Widerstand der Schulmedizin.

Erst vor rund vierzig Jahren begann man in Europa, die Prärieblume hinreichend zu analysieren. – Heute ist eine Echinacea ein fester Bestandteil der Pflanzenheilkunde, der Homöopathie – und der Schulmedizin.

Standort: Mittlere und östliche Staaten von Amerika; auch verwildert; häufig gewerbsmäßiger Anbau; liebt sandigen, trockenen bis mäßig feuchten Boden.

Wichtigste Inhaltsstoffe: Das frische Kraut und Blüten: Ätherisches Öl, Vitamin C. Die frische Wurzel: Ätherisches Öl, inulinartige Stoffe, Ölsäure, Linolsäure, Cerotinsäure, Palmitinsäure, Echinacosid (ein Glycosid), Harz.

Blütezeit: Juli bis August, September.

Erntezeit: Zur Blütezeit.

Heilkräftige Pflanzenteile: Die Heilwirkung beider Pflanzen gilt als gleichwertig. Fertigpräparate beinhalten sowohl den Preßsaft von frischem Echinaceakraut, als auch einen Auszug der getrockneten Wurzeln.

Heilwirkung: Außerordentlich wundheilungsfördernd, vor allem bei schlecht heilenden Wunden (fördert die Granulationsbildung); sehr hilfreich bei Widerristwunden und – Geschwüren. Aufgrund ihrer millieuumstimmenden Wirkungsweise auch bei Hautpilzerkrankungen und unterstützend bei leichtem Milbenbefall gebräuchlich. Stärkt die körpereigene Abwehr; gilt als virushemmend (Influenza, Herpes).

Wie anwenden: Das frische Kraut aus eigenem Anbau, ansonsten Fertigpräparate. Innerlich (Tropfen ohne Alkohol, Frischpreßsaft). Äußerlich (Umschlag aus frischem Pflanzenbrei, Salbe, Lösung, Frischpreßsaft). Siehe handelsübliche Präparate.

Eigener Anbau: Staudenpflanze; für Beetbepflanzung oder -aussaat geeignet. Die Saat muß bei Zimmertemperatur vorkeimen; bevorzugt sonnige Lage und mäßig feuchten Boden. Viel Regen bekommt der Echinacea nicht gut. Erhältlich als Pflanze und Samen (Bezugsquelle siehe Anhang).

Bezugsquelle: Apotheke, Reformhaus, per Versand bekommen Sie im biologischen Heilpflanzenanbau Frischpflanzen (z. B. für den Pflanzenumschlag) und getrocknete Echinaceawurzel.

Handelsübliche Präparate: Echinacea-ratiopharm®, als Tropfen, Frischpreßsaft (Schoeneberger®), Echinacea-Tee (Hervert®), Echinacea-Salbe und -Liquidum (Madaus®), Echinacea-Extern (DHU®).

Homöopathische Arznei: Echinacea angustifolia (aus der ganzen frischen, blühenden Pflanze mit Wurzel).

Kräuterwiese: Nicht geeignet.

Kräutermischung: Nicht geeignet.

Hinweis: In der Tierheilkunde verzeichnet man gute Erfolge mit Echinacea-Injektionen. – Fragen Sie Ihren Tierarzt oder Heilpraktiker.

Eiche, Stieleiche
Quercus robur
(Buchengewächse)

Unter allen Gattungen und Sorten der Eiche, die fast auf jedem Kontinent der Erde wachsen, ist die Stieleiche mit einer der typischen Bäume des deutschsprachigen Raumes. Etwa im 16. Jahrhundert wurde die besondere Heilwirkung von Eiche deutlicher beschrieben. Ihr hoher Gerbsäuregehalt machte sie zu einem Heilmittel, mit beachtlich zusammenziehender Wirkungsweise. Die Rinde dieses stattlichen Baumes gilt als besonders heilkräftig, wobei man in früheren Zeiten auch das Laub gebrauchte.

»Vor Eichen sollst zu weichen«. Diese alte Volksweisheit für Gewittertage könnte sich darauf gründen, daß die Germanen den mächtigen Baum ihrem Gewittergott »Thor« heiligten. Die Fähigkeit der Eiche, auf starken Erdstrahlen zu wachsen und zu gedeihen, sind eng mit dieser Anschauung verknüpft.

Standort: Europa; weitverbreiteter Waldbaum, in Mischwäldern, häufig kultiviert; bevorzugt nährstoffreiche, feuchte Böden.

Wichtigste Inhaltsstoffe: Gerbstoff (Eichenrindengerbsäure), Stärke, Zukker, Pektinstoffe.

Fruchtreife: Eicheln: September bis Oktober.

Erntezeit: Die Rinde nur von geschnittenen Zweigen oder Ästen von Mai bis Juni ernten!

Heilkräftige Pflanzenteile: Die Rinde (Cortex Quercus). Eicheln und Galläpfel (durch den Einstich der Gallwespe erzeugt) sind für Pferde schädlich.

Heilwirkung: Ekzem (innerlich in Maßen; äußerlich ausgezeichnet), unterstützend bei infektiösen Durchfallerkrankungen sehr wirksam.

Wie anwenden: Frische oder getrocknete Rinde; innerlich (als Bestandteil einer Kräutermischung, Absud); äußerlich (als Absud auch kombiniert mit anderen Heilpflanzen).

Eigener Anbau: Die Stieleiche braucht genügend Platz und einen nährstoffreichen Boden, um wachsen zu können. Da sie sich recht langsam entwickelt, sind bereits ein bis zwei Meter hohe Pflanzen recht kostbar. Sie bekommen Stieleichen oder andere Sorten fast in jeder Baumschule.

Trocknung: Die geschälte Rinde wird an schattiger, luftiger Stelle ausgebreitet, erst nach dem Trockenvorgang in kleine Teile geschnitten und noch einmal nachgetrocknet. Notfalls können Sie die Rinde auch im Ofen bei 35 Grad (für den Umluftherd ein Gefäß benutzen) und geöffneter Tür trocknen lassen.

Aufbewahrung: Undurchsichtige Papiertüte, Pappschachtel oder dunkle, verschließbare Glasbehälter. Mit Datum und Inhalt beschriften. Trocken aufbewahrt mindestens 1 Jahr haltbar.

Bezugsquelle: Wer die Rinde nicht ernten möchte, bekommt einwandfreie, getrocknete Rindenteile in der Apotheke.

Homöopathische Arznei: Bekannt ist ein Destillat der Eichel von Stiel- und Wintereiche: Quercus Glandium Spiritus.

Bachblüten: 22. OAK.

Kräuterwiese: Wenn Eichen am Rande der Weideflächen wachsen, sammeln Sie die herabfallenden Eicheln vorsorglich auf. Eine größere Menge Eicheln können bei erwachsenen Pferden, insbesondere bei Fohlen, Bewegungsstörungen und Durchfälle verursachen.

Kräutermischung: Als Beigabe einer Heilkräutermischung sehr empfehlenswert, wobei man auf ein langfristiges Zufüttern verzichten sollte.

Fenchel
Foeniculum vulgare
(Doldengewächse)

Alle Pflanzenteile der bis zu zwei Meter hohen und gelbblühenden Fenchelpflanze riechen angenehm aromatisch.

Fenchel

Da Fenchel zudem süßlich schmeckt und sich in getrocknetem Zustand leicht verarbeiten läßt, ist er ein häufiger Bestandteil von Kraftfuttersorten für Pferde und Rinder.

Wahrscheinlich zählt der Fenchel mit zu den ältesten Gewürz- und Heilpflanzen. Seine umfassende Heilwirkung soll schon weit vor unserer Zeitrechnung bekannt gewesen sein.

Standort: Südeuropa; wird meistens gewerbsmäßig angebaut; auch in Gärten; seltene Wildpflanze auf unkultivierten Plätzen.

Wichtigste Inhaltsstoffe: Ätherisches Öl (Hauptbestandteile Anethol und Fenchon), fettes Öl, Proteine, organische Säuren, Farbstoffe.

Blütezeit: Juli – September, Oktober.

Samenreife: August – Oktober.

Erntezeit: Das ganze Kraut nach der Samenernte. Die Samen im August – Oktober.

Heilkräftige Pflanzenteile: Das Kraut gilt nicht als heilkräftig, kann aber vereinzelt und in Maßen zugefüttert werden. Die Samen (Fructus Foeniculi).

Heilwirkung: Erkrankungen der Atemwege, Husten; vorbeugendes Zufutter für Pferde, die zu nervösen Koliken neigen; Darmkatarrh mit krampfartigem Charakter.

Auswurffördernd, krampflösend, blähungstreibend, keimtötend. Regt die Milchsekretion an, kann wehenanregend wirken, appetitanregend.

Wie anwenden: Getrocknetes Kraut (hin und wieder), hauptsächlich die getrockneten Samen. Innerlich (abgestimmt auf die Erkrankung als Bestandteil einer Kräutermischung, Aufguß).

Eigener Anbau: Staudenpflanze; geeignet für den Kräutergarten, Ackerrand, am Rande einer geschützten Wiese (eventuell vor einem Knick oder Hecke); liebt mäßig feuchte Böden und eine sonnige Lage, ist frostempfindlich. Eine gute Futterpflanze für Schmetterlinge und Schmetterlingsraupen. Die Bezugsquelle für Samen und Pflanzen finden Sie im Anhang.

Trocknung: Bei trockener Witterung schneiden Sie zur Erntezeit die reifen Blütendolden soweit ab, daß Sie den Stiel noch gut aufhängen können. Am besten stülpen Sie über die Dolden eine große Papiertüte, umwickeln einen Bindfaden und hängen diese so auf, daß die Samen beim Trockenvorgang in die Tüte fallen. Beim Trocknen fallen die Fenchelfrüchte in zwei Hälften – die bekannten Fenchelsamen.

Aufbewahrung: Undurchsichtige Papiertüte oder Pappschachtel reichen vollkommen aus. Mit Inhalt und Datum beschriften. Trocken aufbewahrt etwa zwei Jahre haltbar.

Bezugsquelle: Apotheke, Reformhaus, biologischer Heilpflanzenanbau.

Homöopathische Arznei: Nicht gebräuchlich.

Kräuterwiese: Der einjährige Süße Fenchel eignet sich besser für die Kräuterwiese. Probieren Sie eine Aussaat in frostfreien Maitagen und vorzugsweise am Rande der Weidefläche.

Kräutermischung: Als Bestandteil einer Heilkräutermischung (siehe Heilwirkung); am besten zerkleinern Sie Fenchelsamen z. B. mit dem Mörser oder lassen ihn in der Apotheke pulverisieren.

Hinweis: Von der innerlichen Anwendung von ätherischem Öl aus Fenchelsamen wäre abzuraten. Es kann Magen-Darmstörungen, Nierenreizung, Erregungszustände verursachen und zudem stark wehenanregend wirken.

Gewöhnlicher Frauenmantel
Alchemilla vulgaris
(Rosengewächse)

Der Frauenmantel besitzt einen säuerlich herben Geschmack, wird von den Pferden sehr gerne gefressen und eignet sich gut für die Kräuterwiese. Charakteristisch an dieser molligen Pflanze ist die Eigenschaft, daß ihre gezähnten Blattränder Wassertröpfchen ausscheiden – vermutlich ausschwitzen. Diese gleiten in den Schoß der halbkreisförmigen, oft gefalteten Blätter und sammeln sich dort zu einem großen Tropfen. Der botanische Name Alchemilla läßt sich auf die mittelalterliche »geheime Kunst« der Alchemisten zurückführen. Sie bereiteten aus den Tautropfen des 10–30 cm hohen Frauenmantels das »himmlische Wasser«. Bei den alten Germanen galt diese Pflanze nicht nur als geschätztes Heilkraut, sondern sie weihten sie »Frigg«, Göttin der Fruchtbarkeit und Frau Odins. Die Heilwirkung von Frauenmantel wurde etwa im 11. Jahrhundert erstmals deutlicher verzeichnet. In den folgenden Jahrhunderten war der grünlich blühende Frauenmantel eine beliebte Naturarznei für Mensch und Tier.

Standort: Fast in ganz Europa; an Weg- und Waldrändern, Wiesen und Weiden, in Gärten.

Wichtigste Inhaltsstoffe: Organische Säuren, Gerbstoff, Bitterstoff, Lezithin, Harz.

Blütezeit: Mai bis August, September.

Erntezeit: Mai bis August, entweder das blühende Kraut oder nur die Blätter.

Heilkräftige Pflanzenteile: Das blühende Kraut ohne Wurzel (Herba Alchemillae).

Heilwirkung: Blutreinigend; Stoffwechselstörungen; unterstützend bei Durchfall; gilt als eines der mildesten Heilpflanzen zur Geburtserleichterung; fördert die Verheilung der Geburtswege. Trächtige Stuten können zwei Wochen vor dem Geburtstermin und bis zu vier Wochen danach täglich Frauenmantel erhalten. Entweder frisches (30 g) oder getrocknetes (40 g) Kraut direkt in das Kraftfutter oder für den Aufguß: 1 Eßlöffel zerkleinertes Kraut mit 1/4 Liter kochendem Wasser übergießen, abgedeckt 10 Minuten ziehen lassen und absieben – Tagesmenge.

Wie anwenden: Das frische oder getrocknete Kraut; innerlich (direkt in das Futter, Kräutermischung, Aufguß).

Gänseblümchen

Damit Sie genau dosieren können, zerschneiden Sie die frischen Pflanzenteile.

Eigener Anbau: Staudenpflanze; gedeiht in der Sonne oder auch gerne im Halbschatten, bevorzugt eher feuchte Böden, wächst an Hecken, unter Bäumen, auf freien offenen Flächen, zudem an sumpfigen Plätzen und Uferrändern. Samen und Pflanzen sind erhältlich (Bezugsquellen siehe Anhang). Hier bekommen Sie für Heilzwecke entweder Alchemilla xanthochlora (andere Bezeichnung für Frauenmantel) oder Alchemilla alpina (Alpen-Frauenmantel).

Trocknung: Nach der Ernte das ganze Kraut und die Blätter an schattiger, dunkler Stelle auf einer sauberen Unterlage ausbreiten oder das Kraut büschelweise aufhängen. Erst zerteilen, wenn es gut durchgetrocknet ist.

Aufbewahrung: Undurchsichtige Papiertüte, verschließbare Pappschachtel oder dunkle Glasbehälter. Mit Datum und Inhalt beschriften. An einem trockenen Platz etwa 1 Jahr haltbar.

Bezugsquelle: Apotheke, Reformhaus, biologischer Heilpflanzenanbau.

Kräuterwiese: Auf feuchten Wiesen können Sie Frauenmantel anpflanzen. Gute Zeitpunkte sind Mai, August, September, wobei Sie einen kleinen Teil der Grünfläche abtrennen und nach der Bepflanzung einige Monate ruhen lassen müßten. Mit der Aussaat beginnen Sie besser im Garten oder Balkonkasten.

Kräutermischung: Gut geeignet; beachten Sie bitte die Rubrik »Heilwirkung«.

Gänseblümchen
Bellis perennis
(Korbblütler)

Der volkstümliche Name Gänseblümchen mag seinen Ursprung darin haben, daß diese hübsche kleine Wiesenpflanze Licht, Platz und den richtigen Nährstoff braucht, um wachsen zu können. Weidende Gänse halten einerseits das Gras kurz und anderseits liefern sie den nötigen, sehr stickstoffhaltigen Dung.

In der Familie der Korbblütler hat das Gänseblümchen eine angesehene Stellung. Man könnte die heilkräftige Pflanze durchaus an die Seite ihrer Familienmitglieder: der Ringelblume, Kamille und Schafgarbe stellen.

Standort: Wiesen, Weiden, Äcker, Wegränder, Grasflächen, auch Uferpflanze.

Wichtigste Inhaltsstoffe: Ätherisches Öl, ein fettes Öl, Saponin, Bitterstoff, Gerbstoff, organische Säuren.

Blütezeit: März, April bis September, Oktober.

Erntezeit: Zur Blütezeit.

Heilkräftige Pflanzenteile: Blüten und Blätter (Flores et Folia Bellidis).

Heilwirkung: Blutreinigend, Stoffwechselanregend (hier sind nur die frischen Frühjahrsblätter wirksam); Kleine Wundversorgung, Satteldruck, Erkrankung, bzw. Verletzung der Sehnen und Muskeln. Entzündungshemmend, zusammenziehend. Bei Quetschungen, Prellungen, Verrenkungen.

Wie anwenden: Frische oder getrocknete Blüten und Blätter; innerlich (Entschlackungskur im Frühjahr: Etwa fünf frische, zerteilte Blätter täglich in den Futtereimer); äußerlich (Tinktur, Extern, Aufguß, Blätterumschlag).

Eigener Anbau: Staudenpflanze; liebt weite, offene Flächen, Wärme und Sonnenschein, bevorzugt feuchte Böden. Wenn der Standort und die Bodenbeschaffenheit stimmt, kann der Anbau recht erfolgreich sein. Erhältlich als Samen und Pflanze (Bezugsquelle siehe Anhang). Bitte beachten Sie, daß die Saat am besten ohne Licht keimt.

Trocknung: Blüten und Blätter einzeln auf Papier auslegen. Nach dem Trockenvorgang zerkleinern und abermals nachtrocknen lassen.

Aufbewahrung: Undurchsichtige Papiertüte, Pappschachtel oder dunkler, verschließbarer Glasbehälter. Mit Inhalt und Datum beschriften. Höchstens 1 Jahr aufbewahren.

Bezugsquelle: Wer nicht ernten kann oder möchte, bekommt einwandfreie, getrocknete Bellis perennis in der Apotheke.

Handelsübliche Präparate: Tinktur (Tinctura Bellidis perennis), Bellis-Extern (DHU®).

Homöopathische Arznei: Bellis perennis (aus der ganzen blühenden Pflanze mit Wurzel).

Kräuterwiese: Wie bereits am Anfang erwähnt, braucht das Gänseblümchen bestimmte Wachstumsbedingungen. Auf einer stickstoffhaltigen, feuchten Wiese könnte es sicherlich gedeihen. Da sich diese Pflanze recht gut vermehrt, reicht es, wenn Sie pro halben Hektar Weidefläche etwa drei bis vier Pflanzen setzen.

Kräutermischung: Wenige frische Blätter in eine Frühjahrsmischung geben.

Hinweis: Die Arzneimittelprüfung am Menschen hat ergeben, daß die wiederholte, innerliche Einnahme der Tinktur einen deutlichen Einfluß auf die weiblichen Geschlechtsorgane hat (unter anderem krampfhaftes, wehenartiges Gefühl). Daher wäre die innere Anwendung von Bellis perennis während der Trächtigkeit wenig empfehlenswert.

Hirtentäschelkraut
Capsella bursa-pastoris
(Kreuzblütler)

Nicht allein der lateinische, auch der deutsche Pflanzenname weist auf seine wie kleine Taschen geformten Samenkapseln hin. Das Hirtentäschel wächst, ebenso wie manches andere Heilkraut, geradezu »griffbereit« in der Nähe von Häusern und Stallungen. Obgleich diese zierliche, 30–40 cm kleine Pflanze leicht zu übersehen ist, hat sie doch außerordentliche Heil-

Hirtentäschelkraut

kräfte. Etwa im 15. Jahrhundert erkannte man die blutstillende Eigenschaft von Hirtentäschel, wobei es später in Vergessenheit geriet, da importierte Pflanzendrogen bevorzugt wurden. Während des 1. Weltkrieges gewann das Hirtentäschel wieder an Bedeutung und überzeugte angesichts seiner Heilwirkung.

Standort: Europa; auf Wiesen, Weiden, Feldern, Wegrändern, Böschungen, an Gräben und in Gärten. Gilt als Zeigerpflanze für stickstoffhaltigen Boden.

Blütezeit: März, April bis in den späten Herbst.

Erntezeit: April bis September.

Heilkräftige Pflanzenteile: Das ganze blühende Kraut ohne Wurzeln (Herba Bursa pastoris).

Heilwirkung: Sehr hilfreich und empfehlenswert für innere und äußere Blutungen! Unentbehrlich nach Operationen oder schweren Geburten (hier etwa über eine Woche – täglich 1 Eßlöffel puren Frischsaft in das Futter geben).

Wie anwenden: Frisches oder getrocknetes Kraut (das getrocknete Kraut hat eine deutlich schwächere Wirkungsweise).

Innerlich (Aufguß, Frischsaft). Äußerlich (Aufguß, Frischsaft, Tinktur). Für den Aufguß: Tagesmenge – 1 flachen Eßlöffel frisches Kraut oder 1 gut gehäuften Eßlöffel trockenes Kraut mit ¼ Liter kochendem Wasser übergießen, abgedeckt 5 Minuten ziehen lassen, absieben, erkaltet über das Kraftfutter geben.

Eigener Anbau: Einjährige Pflanze; bevorzugt freie offene Flächen, kann auch im kleinen Garten wachsen, braucht eine sonnige Lage und gut gedüngten, mäßig feuchten, auch sandig lehmigen Boden. An dem richtigen Standort kann sie sich rasch vermehren. Die Bezugsquellen für das Saatgut finden Sie im Anhang.

Trocknung: An schattiger, luftiger Stelle gut trocknen lassen, anschließend zerkleinern und abermals nachtrocknen lassen.

Aufbewahrung: Erfahrungsgemäß bewahrt man Hirtentäschel am besten in dunklen, verschließbaren Glasbehältern auf.

Bezugsquelle: Wer nicht ernten kann oder möchte, bekommt getrocknetes Hirtentäschel in der Apotheke, Reformhaus und im biologischen Heilpflanzenanbau.

Fertigpräparate: Hirtentäschel-Tinktur (Tinctura Bursae pastoris), Frischsaft.

Homöopathische Arznei: Nicht gebräuchlich.

Kräuterwiese: Das Saatgut wird bereits im März oder April direkt an Ort und Stelle ausgesät. Da die Samen sehr fein sind, reicht es, wenn Sie diese vor einem Regentag breitwürfig verstreuen.

Kräutermischung: Als Bestandteil einer gezielten Heilkräutermischung. Für eine längerfristige Mischung eher ungeeignet.

Hinweis: Das Hirtentäschel hat unter anderem die Eigenschaft, die Kontraktionen der Gebärmutter zu steigern. Daher ist die Anwendung dieser Pflanze nach der Geburt sehr hilfreich, aber nicht (!) während der Trächtigkeit. Ist die Weidefläche den Pferden bekannt, wird das dort wachsende Hirtentäschel nur bei Bedarf gefressen (eigene Beobachtung).

Huflattich
Tussilago farfara
(Korbblütler)

Gleich im Februar oder März beginnt der Huflattich zu wachsen und blühen. Sind seine kleinen gelben Blüten verwelkt, erscheinen die für ihn typischen Blätter. Angesichts ihrer Form, ist es durchaus verständlich, warum der Huflattich im Volksmund auch Pferdefuß oder Fohlenhuf genannt wird. Allerdings deutet erst die lateinische Bezeichnung »tussi« (Husten) und »agere« (vertreiben) auf seine eigentliche Heilwirkung hin. Diese reichhaltige Pflanze, die bereits zur Zeit des Hippokrates angewandt wurde, zählt heute mit zu den hilfreichen Hustenmitteln der Pflanzenheilkunde.
Standort: Europa; kahle Wegränder, Böschungen, unkultivierte Plätze; feuchte, lehmige, tonhaltige Böden. Gilt als Zeigerpflanze für Lehm- und Tongehalt im Boden.
Wichtigste Inhaltsstoffe: Schleim, Gerbstoff, Inulin, Gallussäure, Kalium, Natrium, Calcium, Magnesium.

Blütezeit: Februar bis April.
Erntezeit: Mai bis Juni (die Blätter).
Heilkräftige Pflanzenteile: Huflattichblätter (Folia Farfarae).
Heilwirkung: Husten, unterstützend bei Bronchitis, Dämpfigkeit; auch hilfreich bei Wasseransammlungen in den Gliedmaßen (z. B. für Pferde, die aus Krankheitsgründen eine lange Zeit stehen müssen). Hier gemeinsam mit weiteren harntreibenden Heilpflanzen: z. B. Birkenblätter, Hauhechelwurzel (Radix Ononidis), Klettenwurzel, Löwenzahnwurzel mit Kraut, Queckenwurzel, Schafgarbenkraut.
Wie anwenden: Frische oder getrocknete Blätter. Innerlich (als Bestandteil einer Kräutermischung, Teeaufguß). Äußerlich (Blattauflage als Umschlag). Siehe Hinweis.
Eigener Anbau: Staudenpflanze; kann entlang von Hecken und Bäumen wachsen, gerne im Steingarten oder an Mauervorsprüngen; bevorzugt eine sonnige, aber auch halbschattige Lage, braucht lehmige, ton- und kalkhaltige Böden. Nahrungsquelle für Bienen und Hummeln.
Trocknung: Ernten Sie nur Blätter von Huflattichpflanzen, die an einem sonnigen Standort wachsen. Diese werden an schattiger, luftiger Stelle auf Papier ausgebreitet. Nach dem Trockenvorgang zerkleinern und abermals nachtrocknen lassen.
Aufbewahrung: Undurchsichtige Papiertüte, verschließbare Pappschachtel oder dunkler Glasbehälter.

ISLÄNDISCH MOOS

Bezugsquelle: Apotheke.

Homöopathische Arznei: Nicht gebräuchlich.

Kräuterwiese: Die Kräuterwiese für Pferde ist nicht unbedingt der Lebensraum des Huflattich; wenn ihm der Boden zusagt, kann er auf bestimmten Grasflächen wachsen.

Kräutermischung: Als Bestandteil einer Heilkräutermischung. Das Bundesgesundheitsamt gibt den Hinweis, daß eine mehr als vierwöchige Anwendung im Jahr für Menschen gesundheitsschädigend sein kann. Meine Pferde erhielten schon vor Jahren, und zwar über sechs Monate, eine Kräutermischung, die 10 % Huflattichblätter enthielt. Obwohl diese Mischung zeitweilig wiederholt wurde, trat bisher keine gesundheitsschädigende Wirkung auf; wobei hier die Dosierung zu beachten wäre.

Hinweis: Da Huflattich während der Schwangerschaft gegenangezeigt ist, sollten trächtige Stuten vorsichtshalber keinen Huflattich bekommen.

Isländisch Moos
Cetraria islandica
(Flechten)

Das Isländisch Moos, das man früher den Moosen zuordnete, ist eine braune, unscheinbare Flechte. Sie wächst nicht nur auf Island, sondern auch in zahlreichen Gebieten Mittel- und Nordeuropas. – Nur waren es zuerst die Isländer, die das »fjällagrös« (Felsengras) für Heilzwecke und als Nahrungsmittel verwendeten. Die isländische Moosflechte kann selbst auf gänzlich trockenem Boden gedeihen und ihren Wasserbedarf aus der Luftfeuchtigkeit decken.

Wie alle anderen Flechten, besteht auch das Isländisch Moos aus zwei Pflanzen – einer Algen- und Pilzart. Diese artverschiedenen Organismen sind untrennbar miteinander verbunden und leben im gegenseitigen Stoffaustausch, der beiden Arten von Nutzen ist.

Standort: Nord- und Mitteleuropa; vor allem auf kargem Boden, auf mageren Weideböden, an Waldrändern in Heidegebieten.

Wichtigste Inhaltsstoffe: Bitter- und Schleimstoffe, Flechtensäure (Fumaroprocetrarsäure). Ist wohl die jodhaltigste Landpflanze!

Blütezeit: Das Isländisch Moos treibt keine Blüten.

Erntezeit: Mai bis September; gesammelt wird die trockene Pflanze, wenn sie leicht zerbrechlich ist.

Heilkräftige Pflanzenteile: Die trockene Pflanze (Lichen islandicus).

Heilwirkung: Erkrankungen der Atemwege, Husten; schleimlösend, lindert den Hustenreiz. Zudem bei geschwächten Pferden (z. B. während und nach einer Infektion, Parasitenbefall, Hautpilzerkrankungen, zur Zeit des Fellwechsels).

Wie anwenden: Die getrocknete Pflanze. Innerlich (Teeaufguß, als Bestandteil einer Kräutermischung).
Eigener Anbau: Nicht geeignet.
Trocknung: Wenn Sie die geerntete Flechte längere Zeit aufbewahren möchten, legen Sie die gelappten Verzweigungen einzeln auf Papier oder Zellstoff. Erst nach einigen Tagen zerkleinern.
Aufbewahrung: Am besten in einer undurchsichtigen, festen Papiertüte. Gut verschließen, mit Inhalt und Datum beschriften. Kann ein Jahr aufbewahrt werden.
Bezugsquelle: Apotheke. Geschützte Art, darf nicht gesammelt werden.
Kräuterwiese: Isländisch Moos kann nicht gepflanzt noch gesät werden, es wächst aber manchmal auf mageren Wiesen.
Kräutermischung: Gegenüber anderen Heilpflanzen ist Isländisch Moos im Handel recht kostbar (100 g ca. DM 20,–). Es sollte aber möglichst ein Bestandteil einer gezielten Heilmischung sein (siehe Heilwirkung). Das heißt, Sie könnten einer 900 g Mischung etwa 80 g Isländisch Moos hinzufügen, wobei diese etwa 3–4 Monate im Jahr unbedenklich zugefüttert werden kann.

Hinweis: Bitte beachten Sie, daß ein längerfristiges Zufüttern von hohen Dosen Isländisch Moos zu Störungen der Verdauungsorgane und der Leber führen kann.

Echtes Johanniskraut
Hypericum perforatum
(Johanniskrautgewächse)

Diese schlanke, hohe Pflanze, die zu »Johanni« in voller Blüte steht, hat eine ganz besondere Eigenschaft. Zerdrückt man ihre goldgelben Blüten, so tritt ein blutroter Saft heraus. Dieser galt als Zeichen dafür, daß das Johanniskraut Wunden heilt. Bedeutungsvoll sind auch die von kleinen Öldrüsen »durchlöcherten« grünen Blätter des Echten Johanniskraut. Schon im frühen Altertum kannte und schätzte man die Heilwirkung von Hypericum. Jahre später schrieb Paracelsus: »... Es ist nicht möglich, daß eine bessere Arznei für Wunden in allen Ländern gefunden wird.«
Standort: Europa; an Waldrändern, Böschungen, trockenen Feldern, Magerwiesen, auch verwildert in Gärten.
Wichtigste Inhaltsstoffe: Ätherisches Öl (mit Hypericin), Flavon (Hyperosid), Gerbstoffe, Pektin, Cholin.
Blütezeit: Ende Juni (an Johanni) bis August, September.
Erntezeit: Zur Blütezeit. Es gibt einige Johanniskrautarten, die man leicht mit dem heilsamen Hypericum verwechseln kann. Prüfen Sie, ob sich beim Zerreiben der Blüte ein blutroter Saft zeigt und halten Sie die Blätter gegen das Licht – sie sehen tatsächlich fein »durchlöchert« aus.
Heilkräftige Pflanzenteile: Das blühende Kraut ohne Wurzel (Herba Hyperici).

Johanniskraut

Heilwirkung: Stich- und Schnittwunden; Blutergüsse; Quetschungen; Prellungen; Muskelverspannungen und -verletzungen. Wundbehandlung, Erkrankungen der Haut (Ekzeme, Mauke).

Wie anwenden: Frisch oder getrocknetes Kraut; nur äußerlich! (Tinktur, Öl, Salbe). Zubereitung von Johanniskrautöl: Verwenden Sie möglichst frische Blüten und Blätter (zu gleichen Teilen). Nun füllen Sie eine größere Flasche fast voll mit mehr Blüten als Blättern und übergießen bis zum Rand Olivenöl. Die verschlossene Flasche muß an einem warmen, sonnigen Platz (Fensterbank zur Südseite) 6 Wochen ziehen. Anschließend gießen Sie den Inhalt der Flasche durch ein Baumwolltuch (aussortiertes Geschirrtuch) in ein dunkles, verschließbares Glasgefäß und drücken das restliche Öl aus den Pflanzenteilen. Das blutrote Johanniskrautöl kann 1–2 Jahre haltbar sein.

Eigener Anbau: Staudenpflanze; das Johanniskraut ist genügsam und kann leicht in einem Gartenbeet oder auf mageren Rasenflächen wachsen. Es bevorzugt eine sonnige Lage und mäßig feuchten Boden. Erhältlich als Samen und Pflanze (Bezugsquellen siehe Anhang).

Trocknung: Bei trockener Witterung ernten Sie die oberen Teile des blühenden Krautes mit Blättern. Diese hängen Sie büschelweise an schattiger, luftiger Stelle auf. Anschließend trennen Sie Blüten und Blätter, lassen sie nochmals nachtrocknen und bewahren sie getrennt auf (erleichtert die Dosierung für Tinktur und Öl).

Aufbewahrung: Undurchsichtige Papiertüte, verschließbare Pappschachtel oder dunkler Glasbehälter. Mit Inhalt und Datum beschriften. Höchstens 1 Jahr aufbewahren. Das Johanniskrautöl kann etwa zwei bis drei Jahre aufbewahrt werden.

Bezugsquelle: Apotheke, Reformhaus, biologischer Heilpflanzenanbau.

Fertigpräparate: Hypericum-Extern (DHU®); Hypericum-Öl.

Homöopathische Arznei: Hypericum (aus der ganzen blühenden Pflanze ohne Wurzel).

Kräuterwiese: Beachten Sie bitte den Hinweis.

Kräutermischung: Siehe Hinweis.

Hinweis: Aus überlieferten Beobachtungen geht hervor, daß sich bei weidenden Pferden nach dem Genuß von Johanniskraut, Schwellungen im Maulbereich bilden können, und zwar besonders unter Sonnenbestrahlung. Auch bei Pferden (und Rindern), die Heu mit getrocknetem Johanniskraut gefressen hatten und sich anschließend in der Sonne aufhielten, kam es vereinzelt zu Ausschlägen an hellen pigmentierten Hautpartien. (Dr. G. Madaus).

Echte Kamille
Matricaria chamomilla
(Korbblütler)

In früheren Zeiten fand man die Echte Kamille noch häufig in Getreidefeldern und an zahlreichen anderen Plätzen, so daß man den Bedarf an Kamille noch aus wildwachsenden Pflanzen decken konnte. Unkrautvernichter und Chemiedünger verdrängten die Kamille weitgehend von ihren ursprünglichen Standorten. Seit eh und je ist die aromatische Kamille ein beliebtes Heilmittel für Mensch und Tier. Auch manche Sage verknüpft sich mit dieser eigenwilligen Pflanze, die nachts und bei Regenwetter ihre weißen Strahlblüten nicht schließt, sondern abwärts richtet.

Standort: Europa, außer in den nördlichsten Gebieten; an Weg- und Feldrändern, Magerwiesen, unkultivierten Plätzen.

Wichtigste Inhaltsstoffe: Ätherisches Öl (mit blauem Chamazulen), Flavone, Glycoside.

Heilkräftige Pflanzenteile: Die Blütenköpfe (Flores Chamomillae).

Heilwirkung: Wundversorgung; Sommerekzem; Durchfallerkrankungen. Desinfizierend; wundheilungsfördernd, krampflösend. Zudem nimmt die Kamille, gleich einem Deodorant, den Körpergeruch und kann während der Insektenflugzeit eine ausgezeichnete Hilfe sein.

Wie anwenden: Frische oder getrocknete Blüten. Innerlich (als Teeaufguß). Äußerlich (Kamillenextrakt, Kamillen-Bad für Waschungen). – Nach einigen Gaben Kamillentee wurde ein junges Pferd auffallend unruhig und »übellaunig« (eigene Beobachtung), wobei ein jedes Pferd unterschiedlich reagieren kann.

Eigener Anbau: Einjährige Pflanze; kann bereits ab März und April direkt an Ort und Stelle ausgesät werden, wächst gerne auf mageren Rasenflächen oder auch in Steingärten, braucht eine sonnige Lage und mäßig feuchten Boden. Erhältlich als Samen (Bezugsquelle siehe Anhang).

Trocknung: Kamillenblüten dürfen nur bei sonnigem Wetter geerntet werden. Da sie nach dem Trocknen leicht zerfallen, legen Sie die Blüten einzeln auf einen geeigneten Untergrund, so daß diese nach dem Trockenvorgang gleich in einen Behälter geschüttelt werden können. An schattiger, luftiger Stellte gut trocknen lassen.

Bezugsquelle: Apotheke, Reformhaus, biologischer Heilpflanzenanbau.

Fertigpräparate: Kamillenextrakt (Steierl®) Kamillen-Bad (Robugen®) letzteres für Waschungen.

Homöopathische Arznei: Chamomilla (aus der frischen, ganzen, blühenden Pflanze ohne Wurzel).

Kräuterwiese: Ist nicht unbedingt der Lebensraum der Kamille, doch wächst sie hin und wieder auf unterschiedlichen Böden von Wiesen und Weiden. Nach meinen Beobachtungen gehört die frische, blühende Kamille nicht zu den bevorzugten Futterpflanzen der Pferde.

Kräutermischung: Verwenden Sie für Ihr Pferd vorzugsweise den Teeaufguß, wobei Sie in eine 500 g Mischung durchaus wenige Prisen von getrockneten Kamillenblüten geben können.

Hinweis: Auf den ersten Blick kann die Echte Kamille leicht mit der Römischen- und der Hundskamille verwechselt werden. Die Römische Kamille besitzt nicht die gleiche Heilwirkung, wie die Echte Kamille, obgleich beide sehr aromatisch duften. Hundskamille, die keine Heilpflanze ist, wächst kleingedrungen und riecht muffig. In Küstennähe wächst die geruchslose Strandkamille, die zwar hübsche Blüten treibt, aber für Heilzwecke ungeeignet ist. Um festzustellen, ob Sie die Echte Kamille in den Händen halten, zerteilen Sie die sattgelben Blütenköpfe in der Mitte – der Blütenboden muß hohl sein.

Große Klette
Arctium lappa
(Korbblütler)

Oft bemerken wir beim Ausritt die runden, behaarten Blüten dieser Pflanze, die wie »Kletten« am Schweif der Pferde und an unseren Kleidungsstücken hängen. Den alten Griechen erging es nicht anders, denn der zweite Gattungsname »lappa« ist vom griechischen »labein« (ergreifen, festhalten) abgeleitet.

Selbst wenn die moderne Heilpflanzenforschung die Wirksamkeit von Klettenwurzel nicht bestätigt, weiß doch die Volksheilkunde, daß die Große Klette nicht nur zur Zierde in freier Natur wächst. Die medizinische Anwendung von Klette, läßt sich bis in das Altertum zurückverfolgen. So blieb der altertümliche Name »bardana« an ihr haften, der vermutlich in der englischen Bezeichnung »burdoch« (Große Klette) seinen Ursprung hat.

Standort: Europa; Weg-, Straßen- und Waldrändern, an Zäunen, auf Ödland.

Wichtigste Inhaltsstoffe: Inulin, ätherisches Öl, organische Säuren, Mineralstoffe.

Blütezeit: Juli bis September.

Erntezeit: Die Wurzeln ab April bis Mai und im Herbst.

Heilkräftige Pflanzenteile: Vorwiegend die Klettenwurzel (Radix Barbanae).

Heilwirkung: Blutreinigend; verdauungsfördernd; Erkrankungen der Haut (Sommerekzem, Ekzem in der Sattellage, Mauke, Kleineflechte, lindert den Juckreiz, haarwuchsfördernd); Arthrose.

Wie anwenden: Frische oder getrocknete Wurzel. Innerlich (als Bestandteil einer Kräutermischung, Teeaufguß). Äußerlich (Aufguß für Waschungen, Wurzelöl, als Bestandteil einer Salbe oder Creme, frischen Wurzelbrei mit einer Salbengrundlage verrühren). Die frische Wurzel reicht sehr unangenehm und sollte daher nur getrocknet oder als Teeaufguß (eventuell mit etwas Honig) zugefüttert werden.

Anmerkung: Die Aufguß-Zubereitung erfolgt im Kaltansatz, und zwar für die Tagesmenge: 1 1/2 Eßlöffel frische oder getrocknete Wurzeln mit 1/4 Liter Wasser über Nacht ziehen lassen, dann kurz bis zum Siedepunkt bringen, abkühlen und absieben.

Eigener Anbau: Zweijährige Pflanze; ist eine Futterpflanze für Schmetterlinge und Raupen, eine Bienenweide; liebt einen sonnigen Standort und trockenen Boden; blüht rosa bis leuchtend rot; Wuchshöhe bis 150 cm. Als Pflanze und Samen erhältlich (Bezugsquellen siehe Anhang).

Trocknung: Die Wurzeln der Länge nach durchschneiden und an trockener, warmer oder sonniger Stelle gut durchtrocknen lassen. Anschließend in kleine Stücke zerteilen und abermals nachtrocknen lassen (eventuell im 35 Grad warmen Ofen, bei geöffneter Tür).

Aufbewahrung: Undurchsichtige, feste Papiertüte oder dunkle, verschließbare Glasbehälter. Inhalt und Datum beschriften. Nicht länger als 1 Jahr aufbewahren.

Bezugsquelle: Einwandfreie, getrocknete Klettenwurzel bekommen Sie in der Apotheke.

Fertigpräparate: Klettenwurzel-Öl (Oleum Bardanae).

Kräuterwiese: Bei einer Wuchshöhe von 150 cm wäre die Große Klette nur für eine Randbepflanzung geeignet.

Kräutermischung: Als Bestandteil einer Kräutermischung ist die Klettenwurzel sehr empfehlenswert. Auch die schleimigen, leicht bitter schmeckenden Blätter werden gerne verspeist.

Hinweis: Die Kletterblüten haften deshalb so hartnäckig, damit sie sich während ihrer »Wanderschaft« vermehren können.

Knoblauch
Allium sativum
(Liliengewächse)

Einst glaubte man, er vertreibe Dämonen, denn wie alle Pflanzen, die einen intensiven Geruch haben, galt der Knoblauch als abwehrendes Mittel. Später wuchs die Erkenntnis, daß Knoblauch Parasiten und blutsaugende Insekten vertreiben kann. Allein aufgrund dieser Eigenschaft wurde er vor Jahren zu einem begehrten Zufutter für Pferde. Längst ist bewiesen – es sind die schwefelhaltigen Inhaltsstoffe vom »frischen« Knoblauch, die sich über die Atemwege und durch die Haut »ausdünsten«.

Der Knoblauch hat eine große Vergangenheit und besitzt ausgezeichnete Heilkräfte. Ein altägyptisches Papyrus des 1600 Jahrhunderts vor Christi beschreibt, daß die am Bau der Pyramiden eingesetzten Arbeiter täglich Knoblauch aßen, damit sie leistungsfähig und gesund blieben. In den folgenden Epochen war der Knoblauch eine bedeutsame Pflanzenarznei und gelangte später – vermutlich zur Zeit Karl des

Großen – in den deutschsprachigen Raum. Der Knoblauch zählt mit zu unseren wichtigsten Heilpflanzen und die Darstellung seiner umfassenden Heilwirkung füllt die Bücher namhafter Ärzte und Naturheilkundler.

Standort: Seine ursprüngliche Heimat war Zentralasien; diese wächst noch wild im Mittelmeergebiet; häufige Kulturpflanze.

Wichtigste Inhaltsstoffe: Hauptbestandteil des schwefelhaltige Allicin, ätherisches Öl, Fermente, Jod, Cholin, Vitamin A, B 1, C, Hormone mit der Wirkung männlicher und weiblicher Sexualhormone (Dr. R. F. Weiß).

Blütezeit: Juni, Juli bis August.

Erntezeit: September, Anfang Oktober. Nach dem Absterben des Lauchkrautes.

Heilkräftige Pflanzenteile: Die Knoblauchzwiebel (Bulbus Allii sativi).

Heilwirkung: Blutreinigend; entgiftend; stärkt die Abwehrkräfte, entzündungshemmend; desinfizierend; durchblutungsfördernd; kann eine Abtötung krankheitserregender Pilze bewirken. Als vorbeugende oder begleitende Therapie bei Infekten; innerlich und äußerlich bei Ekzemen; hilfreich nach Insektenstich; gutes Wundheilmittel; angezeigt bei Hautpilzerkrankungen; außerordentlich wirksam bei Durchfällen aller Art; sinnvolles Zufutter für Erkrankungen der Atemwege; hochdosiert bei Hufrehe, insbesondere bei Verdacht auf Geburtsrehe (begleitende Therapie!).

Weitere Verwendung: Innerlich und äußerlich zur Abwehr von Insekten; vorbeugend des Parasitenbefalls (Stärkung der Abwehrkräfte).

Wie anwenden: Immer in frischer Zubereitung!!– oder auch als Frischsaft oder Tinktur. Der Frischsaft läßt sich gut dosieren und schmeckt im Futter milder als die scharfen Zehen. Mit etwas Öl vermengt sind 1–3 Zehen pro Tag die richtige Menge. Sollte Ihr Pferd auffallend feurig oder ängstlich werden, reicht 1 Zehe täglich oder jeden zweiten Tag. Vom Frischsaft könnte die Tagesmenge 1–2 Eßlöffel betragen. – Für die äußerliche Anwendung eignet sich gut die Tinktur (Tunctura Allii sativi), die 1:2 und höher mit Wasser verdünnt wird. Der 1:1 verdünnte Frischsaft oder auch zerdrückte, eingeweichte Knoblauchzehen (4 Zehen + 1/4 Liter, über Nacht und dann kurz erwärmen) können gleichfalls äußerlich angewendet werden.

Eigener Anbau: Bevor Sie Knoblauch setzen, muß der Boden ein Jahr vorher mit verrottetem Stallmist angereichert worden sein. Knoblauch braucht einen sonnigen, geschützten Platz und genügend Feuchtigkeit. Die einzelnen Zehen stecken Sie wie Zwiebeln in die Erde, und zwar etwa 5 cm tief und im Abstand von 20 cm.

Trocknung: Ist das Lauchkraut welk, kann geerntet werden. Ganz frischer Knoblauch wirkt zwar großartig, aber sehr zusammenziehend auf die Schleimhäute. Die Zwiebeln trocknen

Sie einige Tage in der Sonne, bündeln sie anschließend und hängen diese an trockener, luftiger Stelle auf.
Bezugsquelle: Vermutlich besitzt der in südlichen Ländern gereifte Knoblauch eine größere Heilkraft.
Fertigpräparate: Knoblauch-Tinktur (Tinctura Allii sativi). Knoblauchfrischsaft (Preßsaft aus der Zwiebel).
Homöopathische Arznei: Allium sativum (aus der frischen Zwiebel), auch als Urtinktur erhältlich.
Kräuterwiese: Kulturpflanze für den Garten- oder Ackeranbau.
Kräutermischung: Heilkräftig ist die frisch zubereitete Knochlauchzwiebel, die dank ihrer schützenden Schale in jedem trockenen Stallschrank aufbewahrt, dort zerteilt und vermengt werden kann.

Hinweis: Die sehr haltbare Knoblauch-Tinktur ist in der naturheilkundlichen Stallapotheke unentbehrlich.

Gewöhnlicher Löwenzahn
Taraxacum officinalis
(Korbblütler)

Der Löwenzahn, dessen gelbe Blüten manche frühlingsgrüne Wiese und Weide zieren, ist kein lästiges »Unkraut«, sondern eine würzige und heilsame Futterergänzung für Pferde. Obgleich der Wind die reifen Samen der löwenzähnigen »Pusteblume« in alle Himmelsrichtungen verteilt, keimt sie doch seltener auf sandigen und nährstoffarmen Weiden. Frisches Löwenzahnkraut mit Wurzel und auch getrocknete Pflanzenteile wurden bereits in der früheren Tierheilkunde verwendet. Die besondere Beziehung des Löwenzahn zur Leber und ihrer Funktion als Entgiftungszentrale sowie seine harntreibende Wirkungsweise ist altbekannt.
Standort: Wiesen, Weiden, Wegränder, Felder, Gräben, unkultivierte Plätze.
Wichtigste Inhaltsstoffe: Vitamin C, A und D, reichlich Mineralsalze, Bitterstoff, ätherisches Öl, Inulin.
Blütezeit: Ab April über den ganzen Sommer.
Erntezeit: Im Frühjahr vor der Blüte.
Heilkräftige Pflanzenteile: Löwenzahnwurzel und -kraut (Radix Taraxaci cum herba).
Heilwirkung: Führt Mineralsalze und Vitamine zu, entgiftet die Leber, reinigt und fördert die Harnausscheidung, regelt die Verdauung, Sommerekzem, Mauke, krankhafter Haarausfall, Kleienflechte (Pityriasis), Schwächezustand während und nach einer Erkrankung, als Zufutter unterstützend bei Arthritis (Gelenksentzündung) und Arthrose (chronisch deformierte Gelenksentzündung); hochdosiert und als begleitende Therapie bei Hufrehe (gemeinsam mit Knoblauch und weiteren entgiftenden Heilpflanzen – nicht zu vergessen, die homöopathisch verdünnte Arnica und die Zusammenarbeit mit Tierärzten).
Wie anwenden: Frisches oder getrocknetes Kraut mit Wurzel; hauptsächlich

MALVE

innerlich (sehr empfehlenswert als Bestandteil einer dauerhaften Kräutermischung, Teeaufguß oder Frischsaft in das Futter). Der Tee wird über Nacht kalt angesetzt, und zwar 1 Eßlöffel der Pflanzenteile mit 1/4 Liter Wasser. Dies ergibt die Tagesmenge. Vom puren Frischsaft geben Sie 1–2 Eßlöffel täglich über das Kraftfutter. Hochdosiert 2–4 Eßlöffel gemeinsam mit Knoblauch, siehe oben.

Eigener Anbau: Wenn in der Umgebung Ihres Pferdes nur vereinzelt Löwenzahn wächst, können Sie reife Samen ernten (Pusteblume) und diese aussähen oder sich Samen im Fachhandel besorgen. Der Löwenzahn liebt die Sonne, kann aber auch im Halbschatten wachsen und bevorzugt deutlich stickstoffreiche Böden (Zeigerpflanze).

Trocknung: Das Kraut und die Wurzel werden an schattiger, luftiger Stelle getrocknet. Die Wurzeln behutsam reinigen und mit einem leichten Baumwollfaden auffädeln. Das Kraut während des Trockenvorganges nicht berühren, also auf Papier lagern und anschließend in einen geeigneten Behälter schütten. Verfärbte Pflanzenteile sortieren Sie aus. Kraut und Wurzel können vermengt werden.

Aufbewahrung: Undurchsichtige, feste Papiertüte oder dunkler Glasbehälter. Mit Inhalt und Datum beschriften. Höchstens 1 Jahr aufbewahren.

Bezugsquelle: Wer nicht ernten kann oder mag, bekommt getrocknete, einwandfreie Pflanzenteile in der Apotheke, im Reformhaus oder biologischen Heilpflanzenanbau.

Fertigpräparate: Frischsaft.

Homöopathische Arznei: Taraxacum (aus der ganzen Pflanze mit Wurzel, zu Beginn der Blüte).

Kräuterwiese: Löwenzahn gehört auf jede Kräuterwiese. Allerdings vermehrt er sich oft unmäßig auf fetten Wiesen, die zudem reichlich mit Stickstoff gedüngt wurden. Wer sandige Weiden sein eigen nennt, sorgt vor der Aussaat für eine naturgemäße Weidebewirtschaftung, bzw. ausreichend organischen Dünger. Löwenzahnsamen können Sie Anfang August bis September und ab April aussähen, und zwar nimmt man pro Hektar etwa 300 g Samen. Bei Verwendung einer Wiesenmischung wird anteilig bemessen. Saatkörner bedeckt man allgemein mit soviel Erde, wie sie dick sind, so daß Sie die sehr feinen Löwenzahnsamen gut vor einer Regenzeit aussäen können.

Kräutermischung: Sehr empfehlenswert. Finden die Pferde im Sommer nicht genügend Löwenzahn, geben Sie seine Pflanzenteile in eine Kräutermischung und können diese längerfristig zufüttern.

Wilde Malve
Malva silvestris
(Malvengewächse)

Wohl alles an der Malve ist milde – der Klang ihres Namens, die lichtgrünen

Blätter und ihre rosavioletten Blüten. Diese sanfte und schleimhaltige Heilpflanze beruhigt auf wunderbare Weise entzündete Schleimhäute. Im Volksmund nennt die Wilde Malve auch »Käsepappel«, da ihre eßbaren Früchte wie ein kleiner Käselaib aussehen.

Mit ihrem etwas faden Geschmack gehört die 25 bis 150 cm hohe Pflanze sicherlich nicht zur Lieblingsmahlzeit der Pferde und doch wird sie – sowohl als frisches »Wildgemüse« als auch in getrocknetem Zustand – bereitwillig verspeist und ist außerordentlich bekömmlich.

Standort: Europa; weit verbreitet, an Wegrändern, Zäunen, Hecken, Gebüschen, auf unbebauten Plätzen, in Gärten.

Wichtigste Inhaltsstoffe: Reichlich Schleim, Gerbstoff, ein Chlorid »Malvin«.

Blütezeit: Juni bis Anfang Oktober.

Samenreife: August, September.

Erntezeit: Die Blüten zur Blütezeit; die Blätter von Mitte Juni bis Mitte September.

Heilkräftige Pflanzenteile: Die Malvenblätter (Florales Malvae); die Malvenblätter (Folia Malvae).

Heilwirkung: Erkrankungen der Atemwege; sehr hilfreich bei Durchfällen; unterstützend bei Krampfkoliken; Erkrankungen der Niere und Harnwege.

Wie anwenden: Frische oder getrocknete Blüten und Blätter mischen. Innerlich (als Bestandteil einer Kräutermischung), der Aufguß wirkt besonders gut.

Hinweis: Alle Pflanzenteile werden im Kaltansatz zubereitet! Als Tagesmenge können Sie 2–3 Eßlöffel auf $1/2$ Liter Wasser über Nacht ziehen lassen, dann leicht erwärmen und absieben. Ist Malve in einer Mischung enthalten, wird die angegebene Menge bis zum Siedepunkt gebracht. $1/2$ Stunde zugedeckt stehen gelassen und anschließend abgesiebt.

Eigener Anbau: Einjährige Pflanze; bevorzugt eine sonnige Lage und mäßig feuchten Boden, reagiert auf Kalk neutral. Als Samen erhältlich (siehe Anhang), der ab März/April ins freie Land ausgesät werden kann.

Trocknung: Richtig getrocknete Malvenblüten werden blau-violett, hingegen bei Lichteinfall weiß. Sie müssen die Blüten unbedingt an dunkler (!), luftiger Stelle trocknen und in undurchsichtigen Behältern aufbewahren. Die Blätter können Sie an schattiger Stelle auslegen.

Aufbewahrung: Mischen Sie Blüten und Blätter nach dem Trocknen und bewahren diese in undurchsichtigen, festen Papiertüten oder dunklen Glasbehältern auf. Inhalt und Datum beschriften. Bis zum nächsten Sommer aufbewahren.

Bezugsquelle: Apotheke, Reformhaus, biologischer Heilpflanzenanbau.

Kräuterwiese: Für die Kräuterwiese eignet sich am besten die Wilde Malve, die kleinere Wegmalve (Malva neglecta) und die sogenannte Futtermalve (Malva verticillata). Die feinen Samen werden im März/April, vor einem Regentag ausgesät. Versuchen Sie es erst einmal auf einem Teil der Weidefläche (ca. 200 g pro halben Hektar oder anteilig in einer Mischung), wobei man das Grasland vorher mit einer Wiesenegge auflockert.

Kräutermischung: Malve kann langfristig zugefüttert werden (siehe Heilwirkung).

Melisse
Melissa officinalis
(Lippenblütler)

Die Honigbiene »Apis mellifica« stand Pate für die Namensgebung der Melisse, denn die bienenfleißigen Sechsbeiner weiden sich – seit eh und je – an ihrem gesunden Blütensaft.

Auch für unsere vierbeinigen Freunde ist die liebliche Zitronen-Melisse ein wertvolles Heilmittel. Sie stärkt die Nerven, schärft das Sehvermögen, macht »beherzt«, schafft auf besondere Weise ein friedliches Gemüt und ihre herzförmigen Blätter schmecken offenbar köstlich.

Diese wärmebedürftige Pflanze, die aus Vorderasien stammt, wurde im Jahr 800 n. Christus im Alpenvorland heimisch und verbreitete sich sehr rasch...

Standort: In Südeuropa auch verwildert; in mittleren Gebieten Europas meistens angebaut, zuweilen in freier Natur.

Wichtigste Inhaltsstoffe: Ätherisches Öl (Citral, Citronellal), Gerbstoff, Bitterstoff, Schleim, Bernsteinsäure.

Blütezeit: Juni, Juli bis August, auch September.

Erntezeit: Kurz vor und nach der Blüte.

Heilkräftige Pflanzenteile: Die Melissenblätter (Folia Melissae).

Heilwirkung: Nervosität (Haltungsbedingungen und Reitweise überdenken?); traurige Pferde (z. B. Heimweh, Trennung); für Pferde, die überall »Gespenster« sehen; Körperschwäche oder auch Herzschwäche aufgrund steter Nervosität. Getrübte Augen (Star; hier längerfristig und hoch dosierte Teeanwendung). Begleitend bei Kolikanfälligkeit, Verdauungsstörungen (aufgrund von Aufregung, sportlicher Überaktivität, Umgebungswechsel). Satteldruck, Quetschungen (gerne gemeinsam mit Ringelblume, Bellis, Salbei). Nach Insektenstich; zur Insektenabwehr.

Wie anwenden: Frische oder getrocknete Blätter. Innerlich (Zutat einer Kräutermischung, Teeaufguß, Tinktur). Äußerlich (Aufguß, Tinktur, als ein Bestandteil eines hergestellten Insektensprays im alkoholischen Auszug oder Absud). Für den Melissentee: 2 Eßlöffel Blätter mit 1/4 Liter kochendem Wasser übergießen, kurz ziehen lassen, absieben (normale Tagesmenge). Oder 10 Tropfen der Tinktur täglich auf 1 Stück trockenes Brot.

Eigener Anbau: Staudenpflanze; kleine weiße Blüten; liebt gute durchlässige,

mäßig feuchte Gartenerde; braucht einen geschützten, sonnigen Platz. Etwa alle drei Jahre teilen und neu verpflanzen. Samen und Jungpflanzen siehe Bezugsquellen im Anhang.
Trocknung: Zur Erntezeit wird die Pflanze dreifingerbreit über dem Boden abgeschnitten. Die Blätter abzupfen und diese an schattiger, luftiger Stelle (z. B. Papierunterlage) trocknen. Sie sollten ihre grüne Farbe behalten, sonst aussortieren.
Aufbewahrung: In fester, undurchsichtiger Papiertüte bzw. verschließbarer Pappschachtel oder dunklem Glasbehälter. Keine Metallgefäße nehmen.
Bezugsquelle: Getrocknete, einwandfreie Melissenblätter erhalten Sie in der Apotheke, im Reformhaus oder biologischen Heilpflanzenanbau.
Fertigpräparate: Melissen-Tinktur (Tinctura Melissae). Bekannt ist auch der Klosterfrau-Melissengeist (enthält zusätzlich: Alantwurzel, Angelikawurzel, Ingwer, Sennablätter, schwarzen Pfeffer, Muskatnußsamen, Enzian, Cardamom, Kampferbaumrinde). Zur äußerlichen Anwendung hilfreich bei Muskelzerrungen.
Homöopathische Arznei: Melissa officinalis (aus den frischen Blättern vor der Blüte).
Kräuterwiese: Gedeiht im Garten oder Pflanzkübel.
Kräutermischung: Bei Bedarf (siehe Heilwirkung) eine sehr empfehlenswerte Zutat. Kann längerfristig zugefüttert werden.

Fichte
Picea abies
(Kieferngewächse)

Standort: Europa; häufig angepflanzter Nadelbaum, wildwachsend in den mittleren und höheren Lagen der Alpen.
Merkmale: Schlanker bis 50 m hoher Baum, spitzpyramidenförmig, Äste wie Quirle, oft regelmäßig angeordnet. <u>Rinde:</u> Glatt, rötlichbraun, später dunkel, im Alter in Platten rissig. <u>Nadeln:</u> vierkantig, spitz, stechend, rings um die Zweige stehend. <u>Zapfen:</u> 12–18 cm lang, hängend (!), zur Reifezeit abfallend.
Wichtigste Inhaltsstoffe: Nadeln und junge Triebe – Glycosid, Ameisensäure, ätherisches Öl, Saccharose, Harze, Pinen, vermutlich Mineralstoffe. Die kleinen Zweige – ätherisches Öl, Gerbsäure (15–16 %). Die Rinde hat den höchsten Gehalt an Gerbsäure (26–28 %), im Vergleich dazu enthält die Rinde der Birke nur 4–15 % Gerbsäure.
Blütezeit: April, Mai, Juni. Männliche Blüten befinden sich an den Zweigspitzen, kleinkugelig, zuerst dunkelrot, später gelb. Die weiblichen Blüten stehen über die Krone verteilt in kleinen roten Zapfen, die bald grün hängend und zur Reifezeit braun werden.
Samenreife: September, Oktober.
Erntezeit: Junge Triebe und Zweige im Mai bis Juni. Zweige mit Nadeln auch Juni bis August.

Heilkräftige Pflanzenteile: Nadeln, junge Zweigspitzen (Picea turiones recentes), Rinde.

Heilwirkung: Blutreinigend; auswurffördernd; bakterientötend; verbessert die Durchblutung. Frisches Frühjahrszufutter; Erkrankungen der Atemwege (unterstützend bei Bronchitis, Dämpfigkeit); zur äußerlichen Therapie, wenn eine bessere Durchblutung der Haut und tiefen Hautschichten angezeigt ist.

Wie anwenden: Als Zufutter die frischen Pflanzenteile. Kleine, gefällte Fichten können in den Auslauf gelegt und damit die Pferde keinen Sand aufnehmen, sollte der Baum gelegentlich gedreht werden. Vorzugsweise hängt man die Zweige in den Auslauf oder Stall. Der Genuß von Fichtensprossen und -zweigen mit Nadeln verursacht bei manchen Pferden leichten Durchfall (blutreinigende Wirkung), der bald wieder vergeht. Äußerlich: Das sogenannte Fichtennadelöl (Oleum Pini sibiricum) wird aus den Nadeln, Sprossen oder Ästen von verschiedenen Fichtenarten gewonnen. Es bewirkt Hautreizungen, somit eine verbesserte Durchblutung des Gewebes und Förderung des Heilungsprozeßes. Anteilig (2–6 prozentig) in öligen Substanzen, Salben oder Pasten.

Fertigpräparate: Fichtennadelöl ist ein häufiger Bestandteil von durchblutungsfördernden Fertigpräparaten.

Homöopathische Arznei: Abies nigra (aus dem eingetrockneten Harz der nordamerikanischen Schwarzfichte).

Anmerkung: Es gibt keinen Hinweis darauf, daß Fichte (Rottanne, Schwarzfichte) für trächtige Stuten gegenangezeigt, sprich wehenanregend wäre, noch das ungeborene Leben schädigen könnte. Möglicherweise sollte die Hemlocktanne (westamerikanische und kanadische) nicht zugefüttert werden. Im Jahre 1887 ergab eine Arzneimittelprüfung an zwei Menschen, daß die aus der frischen Rinde und den jungen Zweigen gewonnene Tinktur einen gewissen Einfluß auf die weiblichen Beckenorgane zeigte. Die Hemlocktanne ist ein kultiviertes Parkgehölz, das im Normalfall eine Höhe von 30–50 m und bis zu 70 m erreichen kann. Sie gestaltet sich breitkegelförmig (!) mit einem spitzen Gipfel, der oft überhängt. Die weit ausladenden Äste beginnen gleich über dem Boden und neigen sich an den Enden auch nach unten. Die Zapfen sind entweder eiförmig (Westamerik.) oder lang und schmal (Kanad.). Die Nadeln duften aromatisch, stehen ähnlich wie die Nadeln der Weiß-Tanne, sind jedoch kürzer.

Weiß-Tanne
Abies alba
(Kieferngewächse)
Edeltanne

Standort: In Europa weit verbreitet; bildet große Wälder, wird häufig angepflanzt.

Blütezeit: April, Mai. Männliche Blüten stehen klein, kugelig und zu mehreren an der Unterseite von einjährigen Trieben. Die weiblichen Blüten sind zuerst rot-violett, dann grün und befinden sich aufrecht nahe der Baumkrone.
Samenreife: September, Oktober.
Erntezeit: Siehe unter »Fichte«.
Merkmale: Die bis zu 60 m hohe Weiß-Tanne zählt zu den größten heimischen Nadelbäumen. Kerzengrader Wuchs, Krone kegelförmig. Rinde: Weißlich-grau und glatt, wird aber im Alter dunkler. Anders als die Fichte schuppt sie sich nicht. Nadeln: Sie stehen nicht rund um den Zweig, sondern zweizeilig, wie gescheitelt. Flach geformt, die Oberseite ist kräftig grün, unterseits mit zwei weißen Längsstreifen. Zapfen: Deutlich gestielt, etwa 2 cm klein, walzenförmig. Anders als die Fichte stehen sie aufrecht. Die Angaben über heilkräftige Pflanzenteile, Heilwirkung und Anwendung gleichen denen der Fichte.
Fertigpräparate: Edeltannennadelöl ist ein Bestandteil von Latschenkiefern-Franzbranntwein® (Mack); zur äußeren Anwendung unter anderem bei Durchblutungsstörungen, Muskelschmerzen, Zerrungen, Schwellungen.

Gemeine Kiefer
Pinus sylvestris
(Kieferngewächse)
Waldkiefer, Föhre

Standort: Europa; bevorzugt sandige, trockene Böden, bildet große Wälder, wird auch angepflanzt.
Blütezeit: Mai, Juni.
Samenreife: Oktober, im zweiten Jahr.
Erntezeit: Mai.
Merkmale: 25–30 m hoher, immergrüner Nadelbaum. Bei jungen Bäumen ist die Krone kegelförmig, die Äste sind in Quirlen angeordnet; später gestalten sie sich unregelmäßig und wachsen nur am oberen Teil des Stammes. Rinde: Anfangs rotgelb, löst sich in Schuppen ab, dann dunkelbraun und tief rissig. Zapfen: Gestielt, einzeln oder mehrere, zur Reifezeit gelbbraune, hängende Zapfen.
– Die Pinus sylvestris ist nicht zu verwechseln mit den etwa 3 m hohen buschförmigen Arten dieser Gattung.
Heilkräftige Pflanzenteile: Die frischen hellbraunen und harzklebrigen Kiefernsprossen (junge Triebe).
Heilwirkung: Bakterienabtötend; auswurffördernd; verbessert die Durchblutung. Erkrankungen der Atemwege, Bronchitis, Dämpfigkeit; hilfreich bei Zerrungen, Muskelschmerzen.
Wie anwenden: Als frisches Zufutter nicht empfehlenswert, da die Kiefer eine deutlich abführende Wirkungsweise hat. Sehr bewährt ist eine Inhalation von aufgekochten Kiefernsprossen

Petersilie

(1 Teil Sprossen mit 10 Teilen Wasser 2 Minuten kochen, schnell absieben [Thermoskanne], in einen Stalleimer gießen und ein passendes Sieb über das heiße Wasser stülpen). Leichter geht es mit einigen Tropfen Kiefernnadelöl in heißem Wasser.

Anmerkung: Durch Inhalation von Pinienölen können unter Umständen asthmatische Beschwerden verstärkt oder ausgelöst werden.

Äußerlich: Weder das Kiefernnadelöl noch das gereinigte Terpentinöl (aus dem Harzsaft) pur auftragen; es kann starke Hautreizungen verursachen. Lassen Sie in der Apotheke ein Präparat herstellen, das anteilig Kiefernnadel- oder Terpentinöl enthält (etwa 2–4prozentig).

Fertigpräparate: Kiefernnadelöl (Oleum Pini sylvestries), aus den Nadeln, Zweigen oder Zweigspitzen. Gereinigtes Terpentinöl (Terebinthinae oleum rectifiatum), in einem speziellen Verfahren, unter Zugabe von Kalkwasser, aus dem Harzsaft gewonnen. Latschenkiefernöl und Terpentinöl sind Inhaltsstoffe des hautverträglichen Aktiv Fluid® (Aktiv-Pharma).

Homöopathische Arznei: Pinus sylvestris (aus frischen Zweigsprossen).

Bachblüte: 24. Pine, Pinus sylvestris, hier schottische Kiefer genannt.

Petersilie
Petroselinum sativum
(Doldengewächse)

Die Petersilie besitzt so viele gute Eigenschaften, daß sie weit mehr ist als nur ein Speisegewürz. In ihrer ursprünglichen Heimat, dem Süden Europas, war und ist die Petersilie eine anerkannte Heilpflanze. Einzug in hiesige Klostergärten und Kräuterbeete hielt die aromatische Pflanze zur Zeit Karl des Großen. In erster Linie verwendete man die Petersilie für Heilzwecke, schätzte ihre umfassende Wirkungsweise und den reichen Vitamingehalt. Als besonders heilkräftig gelten ihre reifen Samen, die ein ätherisches Öl enthalten, dessen wichtigster Bestandteil das Apiol ist. Leider geriet die heilkräftige Petersilie zuweilen in Verruf, da manche Menschen eine lebensbedrohliche Überdosis Samen oder Petersilienöl als Abtreibungsmittel gebrauchten.

Standort: Europa; nur selten wildwachsend auf unkultivierten Plätzen oder an Wegrändern; oft in Kräutergärten oder Pflanzkästen.

Wichtigste Inhaltsstoffe: Die frischen Blätter: ätherisches Öl, Vitamin C und A, Mineralsalze, Glycoside, ein sich rasch verflüchtigendes Alkaloid.

Blütezeit: Mai – September; nur wer die Samen ernten möchte, läßt die Petersilie blühen. Um den kräftigen Wuchs der Petersilienblätter zu erhalten, schneiden Sie die Pflanze regelmäßig zurück.

Samenreife: August, September.

Heilkräftige Pflanzenteile: Das ganze Kraut (Herba Petroselini); Petersilienwurzel (Radix Petroselini).

Heilwirkung: Mineralsalz- und Vitaminmangel; Stärkung der Abwehrkräfte; blutreinigend; harntreibend. Empfehlenswerte Futterbeigabe – Sommerekzem, Haarausfall, Hautpilzerkrankungen, Befall von Läusen, Haarlingen oder Milben; während und nach Infekten; Arthrose. Äußerliche Behandlung beim Sommerekzem, hilfreich nach Mückenstichen; haarwuchsfördernd; hautberuhigend; lindert den Juckreiz.

Wie anwenden: Das frische ganze Kraut, seltener die Wurzel. Innerlich (leicht angewelkte Blätter direkt in das Kraftfutter; bei Arthrose auch die Wurzel in die Kräutermischung geben). Äußerlich (Aufguß, Frischsaft; Urtinktur als Zusatz für Creme oder Salbe).

Eigener Anbau: Petersilie kann gut im Kräuterbeet oder Pflanzkasten ausgesät werden. Sie braucht einen sonnigen Standort und einen nährstoffreichen, aber nicht überdüngten Boden.

Trocknung: Verwenden Sie möglichst frische Petersilie.

Fertigpräparate: Zur äußerlichen Anwendung – Frischsaft, Petroselinum als Urtinktur, DHU®.

Bezugsquelle: Apotheke, Reformhaus, biologischer Heilpflanzenanbau. Frischpflanzen in jedem Gemüsehandel.

Homöopathische Arznei: Petroselinum (aus der frischen Pflanze mit Wurzel zu Beginn der Blüte).

Kräutermischung: Leicht angetrocknete Petersilie wird von den meisten Pferden gerne gefressen und kann bei Bedarf täglich mit den Kräutern zugefüttert werden.

Hinweis: Die Petersilie kann leicht mit den giftigen Schierlingspflanzen verwechselt werden. Damit Sie sicher sind, ob sich nicht eine Schierlingspflanze in Ihr Kräuterbeet verirrt hat, prüfen Sie vor der Petersilienernte den Geruch der Pflanze. Die Petersilie riecht aromatisch-würzig, der Schierling hingegen eher widerlich und leicht nach Mäuseharn.
– Es wäre ratsam, Petersilie vorsichtshalber nicht an trächtige Stuten zu verfüttern.

Pfefferminze
Mentha piperita
(Lippenblütler)

Pferde lieben den kampferartigen Geschmack, ja selbst den Geruch von Minze, der manchem Zufutter das rechte Aroma verleiht und es zudem bekömmlicher werden läßt. Gerade die verdauungsfördernde und fäulniswidrige sowie schmerzlindernde Eigenschaft dieser uralten Heilpflanze kann bei der Behandlung unserer Pferde von großem Nutzen sein.

Pfefferminze ist eine Kreuzung zwischen zwei Arten ihrer Gattung – vermutlich von Krause- und Bachminze –,

Pfefferminze

die vor mehr als 200 Jahren in England gezüchtet wurde. Die Kultivierung machte die Pfefferminze empfindlicher und anfälliger gegen Schädlinge. Gerne setzt sich der gelbbraune Rostpilz auf ihre zarten Blätter und nicht selten neigt sie zur Verwilderung. Neben der Mentha piperita gibt es verschiedene andere Minzen, die in der Volksheilkunde und als Speisegewürz Verwendung finden: Krauseminze (Metha piperita var. crispata), Bachminze (M. aquatica), Ackerminze (M. arvensis), Roßminze (M. longifolia).

Standort: Europa; Mentha piperita wird in wärmeren Gebieten als Kulturpflanze angebaut.

Wichtigste Inhaltsstoffe: Ätherisches Öl, Gerbstoffe, Bitterstoffe, das ätherische Öl enthält 50–60 % Menthol.

Blütezeit: Juni bis August.

Erntezeit: Juni bis September, Oktober. Bei warmer, sonniger Witterung. Nur Blätter ernten, die nicht von Rostpilz befallen sind.

Heilkräftige Pflanzenteile: Die Blätter (Folia Menthae piperitae).

Heilwirkung: Krampflösend, verdauungsfördernd, schmerzlindernd, entzündungshemmend. Vorbeugend bei kolikanfälligen Pferden; begleitende Therapie (Tierarzt!) bei Gaskoliken (Nervosität, Wetterfühligkeit); auch vorbeugend bei Kolikanfälligkeit. Leichte Durchfallerkrankung. Hilfreich bei Nervosität und Unruhe. Zur äußeren Anwendung bei Muskelverspannungen und Sehnenzerrung. Aufguß für Waschungen der Gliedmaßen während einer fieberhaften Erkrankung.

Wie anwenden: Frische oder getrocknete Blätter. Innerlich (als Bestandteil einer Kräutermischung, Teeaufguß). Äußerlich (kräftiger Aufguß – 1 Teelöffel pro Tasse Wasser) für tägliche Waschungen der Gliedmaßen bei fieberhaften Infekten. Massageöl bei Muskel- und Sehnenzerrungen = 40 Tropfen Pfefferminzöl mit 200 ml Sonnenblumen- und Olivenöl vermengen. Umschläge – 1:3 mit Wasser verdünnte Tinktur oder einen kräftigen Aufguß.

Eigener Anbau: Staudenpflanze; die Aussaat erfordert etwas Geschicklichkeit. Sie können aber vorgezogene Pflanzen kaufen, die einen sonnigen Platz, gut feuchte Erde brauchen und im Abstand von 20 cm, etwas entfernt von anderen Pflanzen gesetzt werden sollten. Ich pflanzte Borretsch direkt neben Pfefferminze, woraufhin er von Rostpilz befallen wurde und die Minze verschont blieb. Damit die Pfefferminze nicht verwildert, sollte sie alle zwei bis drei Jahre umgepflanzt werden.

Trocknung: Vorausgesetzt es scheint die Sonne – schneiden Sie die Pflanze etwa 5 cm über dem Boden und zupfen Sie die rostpilzfreien Blätter ab. Diese werden an schattiger, luftiger Stelle ausgelegt und nach dem Trocknen zerkleinert.

Aufbewahrung: Eine feste, undurchsichtige Papiertüte ist gut geeignet. Mit Inhalt und Datum beschriften. Bis zum nächsten Sommer aufbewahren.

Bezugsquelle: Apotheke, biologischer Heilpflanzen- und Kräuteranbau, Kräuterhäuser.
Fertigpräparate: Pfefferminzöl (Oleum Mentha piperitae), Pfefferminztinktur (Tinctura Mentha piperitae).
Homöopathische Arznei: Mentha piperita (aus der frischen blühenden Pflanze).
Kräuterwiese: Die Pfefferminze braucht feuchte Gartenerde und sorgfältige Pflege.
Kräutermischung: Pfefferminze ist eine empfehlenswerte Beigabe, wobei sie für dauerhaftes Zufüttern ungeeignet wäre. Am besten stellen Sie alle 2–3 Monate eine neue Mischung zusammen.

Hinweis: Das Pfefferminzöl darf trächtigen Stuten nicht eingegeben werden.

Gewöhnliche Quecke
Agropyron repens
(Süßgräser)

In der großen Familie der Gräser gehört die gemeine Quecke zu den sehr robusten Pflanzen. Tatsächlich wuchert die Verwandte des Weizen wie Unkraut, mischt sich zwischen das Wiesengras und wächst dort, wo es ihr gefällt. Ihre süßen, reichhaltigen Blätter sind für Pferde ein Genuß und besonders schlaue Tiere scharren im Herbst und Winter nach Queckenwurzeln. Gerade in dem unterirdischen Teil der Quecke, ihrem langen Wurzelstock, schlummern wertvolle Wirkstoffe. Die bereits vor rund vierhundert Jahren gebräuchliche Quecke oder »Hundsgraswurzel« zählt heute mit zu den anerkannten Heilpflanzen.
Standort: Fast überall in Europa; Wiesen, Weiden, Felder, Wegränder, Böschungen, Ödland, Gräben.
Wichtigste Inhaltsstoffe: Zucker, Stärke, Schleimstoffe, Saponin, Kalium, Kieselsäure, Vitamine.
Blütezeit: Juni, Juli, August.
Erntezeit: Den ganzen Wurzelstock März bis April oder September bis Oktober.
Heilkräftige Pflanzenteile: Der ganze Wurzelstock (Rhizoma Graminis).
Heilwirkung: Mineralsalz- und Vitaminmangel; blutreinigend; leicht harntreibend; Stoffwechselstörungen; Hauterkrankungen (Ekzeme, krankhafter Haarausfall); Erkrankungen der Atemwegs-, Verdauungsorgane und der Leber.
Wie anwenden: Frischer oder getrockneter Wurzelstock; innerlich (hauptsächlich in einer Kräutermischung, Aufguß).
Eigener Anbau: Überall zu finden.
Trocknung: Die langen, weißen Wurzeln ausgraben, gründlich abwaschen und möglichst in der Sonne gut trocknen lassen. An bedeckten Tagen legen Sie die Wurzelteile in den 35 Grad warmen Ofen und trocknen sie bei geöffneter Ofentür, bis sie brüchig

werden. Anschließend zerkleinern, wobei schimmelig verfärbte Wurzeln aussortiert werden müssen.
Aufbewahrung: Am besten in dunklen, verschließbaren Glasbehältern. Mit Inhalt und Datum beschriften. Etwa 1 Jahr haltbar.
Bezugsquelle: Wer nicht ernten kann oder möchte, erhält getrocknete, einwandfreie Queckenwurzeln in der Apotheke.
Homöopathische Arznei: Triticum Repens (aus der frischen Wurzel).
Kräutermischung: Als Bestandteil einer Kräutermischung sehr empfehlenswert. Kann auch im Sommer zugefüttert werden.

Ringelblume
Calendula officinalis
(Korbblütler)

Diese sonnige Pflanze blüht von Juni bis zum späten Herbst, öffnet ihre leuchtend orangegelben Blüten im morgendlichen Sonnenlicht und verschließt sie, bevor die Dämmerung naht. Bleiben ihre Strahlblüten in den frühen Morgenstunden geschlossen, wird es noch am selben Tag regnen.

Die einst im Mittelmeerraum beheimatete Ringelblume hielt etwa im 12. Jahrhundert Einzug in hiesige Gärten. In manchen Gegenden war die »Ringelrosensalbe« berühmt, welche aus Blütenblättern, Ziegenbutter und auch Schweineschmalz hergestellt wurde. Für die Behandlung von zahlreichen Erkrankungen der Menschen und Tiere gebrauchte man später weitere Zubereitungsformen und Anwendungsmöglichkeiten der heilsamen Ringelblume, die wir heute als zuverlässiges Wundheilmittel schätzen.

Standort: Europa; vorwiegend in Gärten.
Wichtigste Inhaltsstoffe: Ätherisches Öl, gelber Pflanzenfarbstoff, Bitterstoff, Saponin, Schleimstoffe, etwas Salicylsäure.
Blütezeit: Juni bis in den Herbst.
Erntezeit: Zur Blütezeit; nur an warmen, sonnigen Tagen.
Heilkräftige Pflanzenteile: Die Blüten (Flores Calendulae).
Heilwirkung: Bei Verletzungen, die durch Riß-, Biß- und vor allem Quetschung verursacht wurden. Entzündungshemmend, wundheilend, narbenbildend.
Wie anwenden: Frische oder getrocknete Blüten. Nur äußerlich (Aufguß, 1:10 mit Wasser verdünnte Tinktur, Salbe, Aufgußöl). Für das Aufgußöl füllen Sie einen verschließbaren Glasbehälter voll mit abgezupften Blütenblättern und übergießen bis zum Rand kaltgepreßtes Pflanzenöl. Den Aufguß lassen Sie acht Wochen an warmer, möglichst sonniger Stelle ziehen. Danach schütten Sie den Inhalt in ein Baumwolltuch, welches an einem größeren Gefäß befestigt ist und lassen das Öl durchlaufen. Nun pressen Sie

die Ölreste aus dem Pflanzenmus und füllen das gelbliche Öl in ein dunkles, verschließbares Gefäß.

Eigener Anbau: Einjährige Pflanze; liebt eine sonnige und eher geschützte Lage, mäßig feuchten, recht nährstoffreichen Boden. Ab April/Mai können Sie Ringelblumensamen direkt in die Gartenerde sähen.

Trocknung: Die ganzen Blüten werden sogleich an schattiger Stelle angetrocknet. Dann zupft man die Blütenblätter vorsichtig ab und läßt sie abermals nachtrocknen.

Aufbewahrung: Undurchsichtige, feste Papiertüte oder noch besser in einem dunklen Glasbehälter. Nicht länger als ein halbes bis maximal ein Jahr aufbewahren.

Bezugsquelle: Apotheke, Reformhaus, biologischer Heilpflanzenanbau.

Fertigpräparate: Tinktur (Tinctura Calendulae), Calendula-Extern, (DHU®), Calendula-Salbe.

Homöopathische Arznei: Calendula (aus dem frischen, blühenden Kraut ohne Wurzel).

Kräuterwiese: Nicht geeignet.

Kräutermischung: Bekannt ist hauptsächlich die äußerliche Anwendung von Ringelblume.

Hinweis: Nach dem Genuß von frischer Ringelblume zeigte sich bei zwei Pferden blutig verfärbter Urin. Die Menge der aufgenommenen Pflanzen konnte von den Pferdehaltern nicht genau bestimmt werden. Ein ruhiges, altes Pferd fraß etwa sechs frische Blütenköpfe und benahm sich daraufhin – innerhalb der Herde – auffallend zornig.

Salbei
Salvia officinalis
(Lippenblütler)

»Der Salbei leuchtet an erster Stelle hervor, lieblich im Duft, bedeutend an Kraft...«, so beginnt das im 9. Jahrhundert n. Chr. geschriebene Gedicht eines kräuterkundigen Mönches. Auch für die Ärzte der medizinischen Fakultät Salernos war die »Salvia« eine Heilpflanze, deren wertvolle Eigenschaften in der Poesie zum Ausdruck kamen. Als sprichwörtlich erwies sich der heilsame »sage« in England und die Franzosen schätzen die Wirkungsweise des »sauge« seit langem.

Auch in der Kräuterapotheke für Pferde ist diese aromatische Arzneipflanze eine große Bereicherung und gerade bei Erkrankungen der Haut, Verdauungsorgane und Atemwege unentbehrlich. Obwohl man dem Salbei von amtlicher Seite einen eher bescheidenen Platz einräumte, bleibt er doch weiterhin – bedeutend an Kraft...!

Standort: Beheimatet im Süden Europas, wächst verwildert auf steinigen, kalkhaltigen Böden der höheren Lagen. In vielen Gebieten als Gartenpflanze bekannt.

SALBEI

Wichtigste Inhaltsstoffe: Ätherisches Öl (Bestandteile unter anderem: Pinen, Cineol, Kampfer, Thujon), Gerbstoff, Glukosid, Saponin.
Blütezeit: Mai bis Juli, je nach Witterung.
Erntezeit: Die Salbeiblätter werden vorwiegend vor der Blüte geerntet, da sie dann die größte Heilkraft besitzen.
Heilkräftige Pflanzenteile: Salbei-Blätter (Folia Salviae).
Heilwirkung: Hat einen kräftigenden Einfluß auf die Spannkraft der Haut; wirkt adstringierend (zusammenziehend), keimtötend; hemmt das Wachstum von Viren und krankheitserregenden Pilzen. Wirkt in niedriger Dosierung schweißhemmend, in starken Gaben schweißtreibend (entsprechend der Sensibilität des Pferdes), und zwar sowohl bei innerer als auch äußerer Anwendung! Längerfristig sehr wirkungsvoll beim Sommerekzem; Mauke; nach Insektenstich; begleitend bei Hautpilz; Wundversorgung; Satteldruck; Erkrankung der Atemwege – Bronchitis, Dämpfigkeit; Reizhusten, krampflösend, auswurffördernd. Erkrankung der Verdauungsorgane – Darmkatarrh, z. B. bei schleimigen Durchfällen, auch krampfartig (eventuell gemeinsam mit Pfefferminze und Kamille). Zahnfleischentzündungen. Blutreinigend, beruhigend.
Wie anwenden: Frisches oder getrocknetes Kraut. Innerlich (als Beigabe einer Kräutermischung, bevorzugt werden die getrockneten Blätter; Teeaufguß). Äußerlich (Aufguß, Tinktur, Salbei-Essig-Auszug). Bei äußeren Anwendungen sorgen Sie für eine ausreichende Verdünnung, da Salbei tatsächlich nur dann seine volle Wirkung zeigt.
Eigener Anbau: Halbstrauch-Gartenpflanze; gedeiht auf durchlässig trockenen Böden, liebt eine sonnige, windgeschützte Lage; im frühen Herbst etwa um die Hälfte zurückschneiden; vor Frost schützen; alle drei Jahre die Pflanze teilen und umsetzen. Saatgut und Jungpflanzen erhalten Sie in zahlreichen Gärtnereien (oder Bezugsquelle, siehe Anhang).
Trocknung: An schattiger, luftiger Stelle zum Trocknen auslegen und häufiger wenden. Die rauhen, runzeligen Salbeiblätter brauchen etwas länger, bis sie gut durchgetrocknet sind.
Aufbewahrung: Am besten in dunklen, verschließbaren Behältern. Mit Inhalt und Datum beschriften. Etwa 1 Jahr aufbewahren.
Fertigpräparate: Salbei-Tinktur (Tinctura Salviae); ätherisches Öl aus Salbei (Oleum Salviae).
Bezugsquelle: Apotheke, die getrockneten Blätter bekommen Sie auch im Reformhaus, biologischen Heilpflanzenanbau.
Homöopathische Arznei: Salvia officinalis (aus den frischen Salbeiblättern).
Kräuterwiese: Gut geeignet wäre der blaublühende Wiesensalbei (Salvia partensis). Diese Staudenpflanze wächst auf mäßig feuchten bis trockenen Böden. Da die Samen im Anzuchtbeet vorkeimen müßten, wäre das Setzen

von Jungpflanzen einfacher. Entweder trennen Sie einen kleinen Teil der Wiese ab oder wählen ein stillgelegtes Grasland.

Kräutermischung: Das eigentümliche Aroma von getrockneten Salbeiblättern scheint den Pferden zu schmecken. Als kleine Beigabe einer Kräutermischung ist Salbei nicht nur wirkungsvoll, sondern auch längerfristig bekömmlich. Von einer 1000-g-Mischung (anteilig 80 g Salbei) erhielten drei Pferde täglich 40 g und folgend über 1 Jahr. Ihre Gesundheit wurde in keinerlei Hinsicht beeinträchtigt.

Hinweis: Trächtigen Stuten sollte man vorsichtshalber keine Salbeiblätter zufüttern.

Gewöhnliche Schafgarbe
Achillea Millefolium
(Korbblütler)

Nicht nur Schafe und Rinder, auch Pferde mögen das herbe, etwas bittere Aroma der heilsamen Schafgarbe, die häufig auf Wiesen und Weiden wächst. Sie ist eine sehr widerstandsfähige Wildpflanze, die sich von Dürreperioden wenig beeindrucken läßt und sowohl auf mageren als auch nährstoffreichen Böden gedeiht. Ein typischen Merkmal der Schafgarbe sind ihre reichgefiederten, dunkelgrünen Laubblätter (Millefolium = Tausendblatt). Schon seit dem Altertum wird Schafgarbe als wertvolles Wundheilmittel und zur Blutstillung gebraucht. Im Laufe der Zeit erweiterten sich die Erkenntnisse und man fand in der Schafgarbe eine Arznei mit umfassender Wirkungsweise.

Standort: Wiesen, Weiden, an Wegrändern, Böschungen, Waldrändern, in Gärten.

Wichtigste Inhaltsstoffe: Ätherisches Öl, Gerbstoffe, Flavonoide, Cumarinderivate, Phosphor, Kalium.

Blütezeit: Anfang/Mitte Juni – September, Oktober.

Erntezeit: Juni bis August (das blühende Kraut).

Heilkräftige Pflanzenteile: Das ganze blühende Schafgarbenkraut ohne Wurzel (Herba Millefolii). Allein die Schafgarbenblüten (Flores Millefolii).

Heilwirkung: Blutreinigend; blutstillend; zusammenziehend (adstringierend); entzündungshemmend (antiphlogistisch); entkrampfend; verdauungsfördernd; zur Wundbehandlung; sehr hilfreich bei Erkrankungen der Verdauungsorgane (Darmkatarrh, Durchfall, auch mit krampfartigem Charakter). Nach der Geburt, zur Ausheilung der Geburtswege.

Wie anwenden: Frisches oder getrocknetes Kraut (vorzugsweise das ganze blühende Kraut). Innerlich (als Bestandteil einer Kräutermischung, Aufguß – Tagesmenge: 2 Eßlöffel Kraut, wenn frisch dann 1 Teil Blüten/1 Teil Blätter, mit ¼ Liter kochendem Wasser übergießen, 10 Minuten ziehen, absieben und abkühlen lassen; hilfreich ist auch 1 Eßlöffel Frischsaft pro Tag). Äußerlich (als Absud für Umschläge – 1 gute Handvoll Kraut, wenn frisch siehe oben, mit 1 Liter Wasser 5 Minuten kochen, 10 Minuten ziehen lassen, absieben, abkühlen).

Eigener Anbau: Staudenpflanze; ausdauernd und problemlos, liebt einen sonnigen Platz und mag keinen (!) staunassen Boden. Für den Garten oder Blumentopf gut geeignet (Bezugsquelle siehe Anhang).

Trocknung: Die Pflanze wird etwa eine Handbreit über dem Boden abgeschnitten und an schattiger, luftiger Stelle sofort zum Trocknen aufgehängt. Ist das Kraut gut trocken, können sie es zerkleinern.

Aufbewahrung: Undurchsichtige, feste Papiertüte oder dunkler, verschließbarer Glasbehälter. Mit Inhalt und Datum beschriften. Bis zum nächsten Sommer aufbewahren.

Bezugsquelle: Apotheke, Reformhaus, biologischer Heilpflanzenanbau.

Fertigpräparate: Frischsaft.

Homöopathische Arznei: Millefolium (aus dem frischen, blühenden Kraut ohne Wurzel).

Kräuterwiese: Schafgarbe wächst selten auf staunassen Wiesen. Planen Sie die Neuanlage einer Kräuterwiese, kann Schafgarbe der Bestandteil einer Gras-Kräuter-Mischung sein. Wer nicht säen möchte, pflanzt im Frühjahr oder Spätsommer einige Jungpflanzen, wobei auf die organische Düngung und eine Abgrenzung der Weidefläche zu achten wäre.

Kräutermischung: Sehr empfehlenswert. Wenn auf Wiesen und Weiden ausreichend Schafgarbe wächst, kann den Sommer über auf das Zufüttern verzichtet werden.

Spitz- und Breitwegerich
Plantago lanceolata, Plantago major (Wegerichgewächse)

Man kann ihn getrost den Beherrscher der Wege nennen, denn hier wächst der Wegerich in Scharen. Häufig sehen wir ihn auch auf Weiden und offensichtlich mögen die Pferde seine salzigen, leicht säuerlichen und überaus gesunden Pflanzenteile.

Die arzneiliche Anwendung von Wegerich als Wundmittel und Heilpflanze weltweit ist jahrhundertealt und bis heute sehr geschätzt. Die Volksheilkunde gebraucht beide Wegericharten, doch gilt der Spitzwegerich als weitaus wirksamer.

Die wie Fußsohlen geformten Blätter einiger Wegericharten und die weltweite Verbreitung dieser ursprünglich europäischen Pflanze soll der Grund gewesen sein, daß die Indianer sie als »Fußstapfen der Bleichgesichter« bezeichneten.

Standort: Straßen-, Weg- und Waldränder, Wiesen, Weiden, Gräben, Felder, Gärten.

Spitz- und Breitwegerich

Wichtigste Inhaltsstoffe: Schleimstoffe, Gerbstoffe, Glycoside, Vitamine, Mineralsalze (beachtliche Menge Kieselsäure).

Blütezeit: Mai bis September.

Erntezeit: Die Blätter während der Blütezeit. Die Wurzeln ab August bis in den späten Herbst.

Heilkräftige Pflanzenteile: Das ganze blühende Kraut (Herba Plantaginis lanceolatae) = Spitzwegerich.

Allein das blühende Kraut wird im Arzneibuch geführt, die Anwendung von Wegerichwurzel (Radix Plantaginis) ist nur der Volksheilkunde bekannt.

Heilwirkung: Blutreinigend (empfehlenswert für chronische Hauterkrankungen), Mineralsalzmangel; Erkrankungen der Atemwege; fördert entschieden die Wundverheilung; nach Insektenstichen.

Wie anwenden: Frische oder getrocknete Pflanzenteile (hauptsächlich das blühende Kraut). Innerlich (als Bestandteil einer Kräutermischung, Teeaufguß, Frischsaft, Sirup). Äußerlich (frischer Blätterumschlag, purer oder 1:2 verdünnter Frischsaft).

Eigener Anbau: Staudenpflanze; alle Wegericharten lieben einen sonnigen Standort, Spitzwegerich bevorzugt mäßig feuchte, Breitwegerich feuchte Böden. Im Fachhandel (siehe Anhang) bekommen Sie meistens nur die Samen, die ab Mitte Mai direkt an Ort und Stelle ausgesät werden können.

Trocknung: Von dem geernteten Kraut pflücken Sie die Blätter und die Blütenstengel ab. Diese legen Sie an einem luftigen, schattigen Platz einzeln aus. Während des Trockenvorganges berühren Sie die Blätter nicht zu oft, da sie sonst leicht schwarz werden. Nur grüne, getrocknete Blätter aufbewahren. Die gut gereinigten Wurzeln werden mit einem festen Baumwollfaden aufgefädelt und an geeigneter Stelle aufgehängt.

Aufbewahrung: In einer festen, undurchsichtigen Papiertüte oder Pappschachtel. Mit Datum und Inhalt beschriften. Da Wegerich überall wächst, legen Sie sich am besten einen Wintervorrat an.

Bezugsquelle: Ansonsten erhält man getrocknetes, einwandfreies Kraut in der Apotheke oder im Reformhaus.

Fertigpräparate: Frischsaft, zuckerfreier Sirup Broncho-Sern® (Sertürner).

Homöopathische Arznei: Plantago major (aus der frischen Pflanze ohne Wurzel).

Kräuterwiese: Beide Wegericharten keimen auf mäßig feuchten bis feuchten Weideböden. Beginnen Sie mit ca. 300 g Samen pro Hektar, wobei die feinen Samenkörner breitwürfig und vor einer Regenzeit verstreut werden können. Eventuell geben Sie Wegerichsamen anteilig in eine Wiesenkräutermischung.

Kräutermischung: Besonders empfehlenswert für längerfristige Mischungen. Wächst Wegerich auf dem Weideland, können Sie im Sommer auf das Zufüttern verzichten.

Stiefmütterchen

Wildes Stiefmütterchen
Viola tricolor
(Veilchengewächse)

Die Bezeichnung »Stiefmütterchen« kam erst Anfang des 18. Jahrhunderts auf. Erfahrene Gärtner sehen in der kultivierten Gartenblume eine Pflanze, die auf fast allen Böden gedeiht und selbst bei »stiefmütterlicher« Pflege ausdauernd blüht. Heilkräftig sind die wildwachsenden Ursprungsarten – das zierliche Acker- und Wiesenstiefmütterchen. Die 20–30 cm hohe Ackerpflanze treibt sehr kleine, gelbweiß auch dunkelviolett gefärbte Blüten; sie wächst gerne auf sauren und salzhaltigen Magerweiden. Bedeutend größer und vielfarbiger sind die Blüten des Stiefmütterchens, welche auf fetten, staunassen Wiesen vorkommen.

Pferde mögen den schleimigen, leicht scharfen Geschmack dieser Heilpflanzen, und ohne zu zögern verspeisen sie die bekömmlichen Gartenblumen.

Standort: Europa; Felder (gerne in Roggenfeldern), Äcker, Weiden, Wiesen, auch an Felsen und auf Dünen.

Wichtigste Inhaltsstoffe: Saponine, Schleimstoffe, Gerbstoff, Salicylsäure, vermutlich Mineralsalze.

Blütezeit: Beide Stiefmütterchenarten blühen von April, Mai bis August, September.

Erntezeit: Mai bis August.

Heilkräftige Pflanzenteile: Das ganze blühende Kraut ohne Wurzel (Herba Violae tricoloris).

Heilwirkung: Blutreinigend; Stoffwechselstörungen; sehr hilfreich beim Sommerekzem; Schweißekzem in der Sattellage; Kleienflechte; Erkrankungen der Niere und Harnwege; bei Erschöpfungszuständen; Nervosität.

Wie anwenden: Frisches oder getrocknetes Kraut. Innerlich (als Bestandteil einer Kräutermischung, Teeaufguß). Äußerlich (Aufguß, gerne gemeinsam mit Walnußbaumblättern und Eichenrinde).

Eigener Anbau: Einjährige Pflanzen; lieben eine sonnige Lage, mäßig feuchte bis feuchte Böden und freie, offene Flächen. Beide Sorten sind als Samen erhältlich und können ab April direkt ausgesät werden. (Bezugsquelle siehe Anhang).

Trocknung: Nach dem Ernten müssen die blühenden Pflanzen sofort an schattiger, luftiger Stelle auf einer Papierunterlage ausgebreitet werden. Während des Trockenvorganges wenden Sie die Pflanzenteile mehrmals.

Aufbewahrung: Nur licht- und luftdicht aufbewahrte Stiefmütterchenblüten behalten ihre Farbe, daher wäre ein dunkler, verschließbarer Glasbehälter sinnvoll. Mit Datum und Inhalt beschriften. Bis zum nächsten Sommer aufbewahren.

Bezugsquelle: Getrocknete, einwandfreie Pflanzen bekommen Sie in der Apotheke.

Homöopathische Arznei: Viola tricolor (aus der frischen blühenden Pflanze ohne Wurzel).

Kräuterwiese: Auf Weideflächen, die ausschließlich mit Kunstdünger bewirtschaftet werden, findet man das Wilde Stiefmütterchen selten; auch häufiges Kalken mögen diese Pflanzen nicht. Die Aussaat erfolgt im April, und zwar direkt in organisch gedüngten, vorerst geeggten Weideböden. Für den Anfang reicht eine kleine, eventuell abgetrennte Grasfläche. Im Fachhandel für Kräuteranbau erhalten Sie Empfehlungen über die Zusammenstellung von Saatgutmischungen und Neuanlage einer Kräuterwiese.

Kräutermischung: In einer Mischung gut bekömmlich und wirksam. Müßte mindestens drei bis vier Monate zugefüttert werden.

Hinweis: Das Wilde Stiefmütterchen ist eine nahe Verwandte vom wohlriechenden Veilchen, auch Märzveilchen genannt (Viola odorata).

Süßholz
Glycyrrhiza glabra
(Schmetterlingsblütler)

Glycyrrhiza kommt aus dem griechischen und bedeutet süße Wurzel, wobei das lateinische Wort »glabra« die harzklebrige Eigenschaft der Süßholzblätter kennzeichnet. Das Süßholz gehört zu den ältesten Heilpflanzen und wurde bereits Jahrtausende vor Christus bei Atemwegserkrankungen angewendet. Später entdeckte man den Lakritzsaft (Liquiritisaft), der sowohl für Heilzwecke als auch zur Herstellung von Zuckerwaren sehr beliebt war. Aufgrund ihres zuckersüßen Geschmacks, der appetitanregenden und vor allen Dingen schleimlösenden Wirkungsweise, finden wir Süßholzwurzel häufig in handelsüblichen Hustenmitteln, Kräutermischungen und Mineralstoffpulvern für Pferde.

Standort: Süd- und Mitteleuropa; bevorzugt ein milderes Klima; auf Grasflächen, häufig auf Sand- und Lehmböden, in Gebüschen.

Wichtigste Inhaltsstoffe: Glycyrrhizin, viel Stärke, Bitterstoffe, wenig Gerbstoff, Harze, Oxalsäure.

Blütezeit: Etwa Juni bis August.

Erntezeit: Die holzige Wurzel: Entweder im März und April oder Oktober und November.

Heilkräftige Pflanzenteile: Die Süßholzwurzel (Radix Liquiritiae).

Heilwirkung: Schleimlösend, auswurffördernd, entkrampfend; Atemwegserkrankungen (Bronchitis, Husten). Vorwiegend in Gemeinschaft mit anderen Heilpflanzen.

Anmerkung: Eine längerfristige Anwendung von Süßholzwurzel kann zur Ödembildung (Wassereinlagerung im Gewebe, vorwiegend der Gliedmaßen) führen. Pferde, die erhöhte Leberwerte haben oder an Herzerkrankungen leiden, sollten keine Süßholzwurzel erhalten. Bitte beachten Sie die Inhaltsangaben von Fertigpräparaten.

Wie anwenden: Süßholzwurzel wird immer gemeinsam mit weiteren angezeigten Heilpflanzen zugefüttert. Einer 500-g-Kräutermischung (täglich 50 g Zufutter) können Sie 100 g pulverisierte Süßholzwurzel hinzufügen. Diese Mischung dürfte dann etwa zweimal wiederholt werden. Geeignete Kräutermischungen finden Sie im Abschnitt »Atemwege« und »Verdauungsorgane«. Bei Pferden, die in bestimmten Situationen (Nervosität, Wetterfühligkeit) an Gaskoliken leiden, kann man gezielt (vorbeugend) 1:1 mit Wasser verdünnten Lakritzsaft (Succus Liquiritiae) verabreichen. Als Tagesmenge gilt 40 g Saft, für zwei bis fünf Tage.

Eigener Anbau: Staudenpflanze; liebt eine sonnige bis halbschattige Lage und mäßig feuchten, lehmigen, auch sandigen Boden; für den eigenen Anbau eignet sich eher das Garten- oder Kräuterbeet. Da die Aussaat etwas Geschick erfordert, besorgen Sie sich am besten Pflanzen (Bezugsquelle siehe Anhang). Das Süßholz verträgt keine Stallmistdüngung. Die Ernte der Wurzel erfolgt im dritten Herbst, da sie sich erst genügend ausbilden muß.

Trocknung: Die braunen, holzigen und verzweigten Wurzeln sollten fingerdick sein und die Wurzelrinde recht fest. Die Süßholzwurzeln gründlich reinigen und in der Sonne oder unter einer Heizung zum Trocknen auslegen. Anschließend schneidet man sie in kleinste Stücke, die genauso verwendet werden können wie pulverisierte Süßholzwurzel.

Aufbewahrung: Am besten in einem dunklen Glasbehälter. Mit Inhalt und Datum beschriften. Gut ein Jahr zur Aufbewahrung.

Bezugsquelle: Apotheke.

Fertigpräparate: Succus Liquiritiae (Lakritzsaft).

Kräuterwiese: Der Anbau von Süßholz eignet sich nur für das Garten-, Kräuter- oder Ackerland.

Kräutermischung: Kann als Bestandteil einer Kräutermischung zugefüttert werden (siehe Rubrik »Anwendung und Anmerkung«).

Echter Thymian
Thymus vulgaris
(Lippenblütler)

Als vor wenigen Jahren die ersten Futtersorten »mit Kräutern« auf den Markt kamen, duftete manche Pferdemahlzeit unverkennbar nach Thymian und sein kampferartiges, leicht bitteres Aroma bereicherte fortan den Speiseplan.

Darüber hinaus ist der Echte Thymian eine vorzügliche Heilpflanze, die schon zur Zeit des Hippokrates sehr geachtet wurde. Die Heimat des Thymian sind die sonnigen Mittelmeerländer, wo er wild wächst und mehrjährig gedeiht. Erst im 11. Jahrhundert gelangte diese halbstrauchige Pflanze durch kräuterkundige Mönche über die Alpen in die Klostergärten des Gebirgsvorlandes und siedelte sich bald vielerorts an. Der

»kleine Bruder« des Echten Thymian, der heilsame Quendel oder auch Feld-Thymian, ist hierzulande heimisch und wächst auf trockenen bis felsigen Plätzen in freier Natur.

Standort: Im deutschsprachigen Raum wird der Echte Thymian hauptsächlich in Gärten angepflanzt; selten verwildert.

Wichtigste Inhaltsstoffe: Ätherisches Öl (Thymol und weitere Bestandteile), Saponin, Gerbstoff, Glukosid, Bitterstoff.

Blütezeit: Mai, Juni bis Juli, August; je nach Witterung auch bis September.

Erntezeit: Mai, Juni, Juli.

Heilkräftige Pflanzenteile: Das ganze blühende Kraut ohne Wurzel (Herba Thymi).

Heilwirkung: Desinfizierend; krampflösend-krampfstillend; auswurffördernd; harntreibend; appetitanregend. Erkrankungen der Atemwege(!), Bronchitis, unterstützend bei Dämpfigkeit, bedeutsam bei ständigem Hustenreiz, krampfartigen-asthmatischen Hustenanfällen. Darmkatarrh mit krampfartigen Durchfällen. Kolikanfälligkeit, die durch Streßbelastung, Wetterfühligkeit, Ortswechsel bedingt ist (vorbeugende oder begleitende Therapie). Zur Stärkung der Nerven und des Körpers. Thymianöl für eine durchblutungsfördernde Einreibung bei Erkrankungen der Muskeln, Sehnen und Gelenke.

Wie anwenden: Frisches oder getrocknetes Kraut. Innerlich (als Beigabe einer Kräutermischung, Teeaufguß, zuckerfreier Hustensaft, zur Inhalation – einige Tropfen Thymianöl in kochendes Wasser und mit Sieb abdecken). Äußerlich (Aufguß, Thymianöl für Einreibungen – 2- bis 4prozentig in öliger Substanz oder Salbe ohne Verband!). Eventuell geben Sie etwas Honig in den Teeaufguß.

Eigener Anbau: Halbstrauch-Strauchpflanze; wächst gut in durchlässigen, leichten Böden, braucht etwas Platz, eine sonnige Lage und mäßig Feuchtigkeit. Die Samen müßten an kühler Stelle vorkeimen, dann pikieren, umtopfen und ab Mai anpflanzen. Im späten Mai kann auch direkt ausgesät werden. Thymian nach der Blüte ca. 15 cm über dem Boden zurückschneiden. Als Saatgut oder Pflanze erhältlich (Bezugsquelle siehe Anhang).

Trocknung: Klein-gebündeltes Kraut an trockener, luftiger Stelle aufhängen und erst nach vollständiger Trocknung zerteilen.

Aufbewahrung: Eine feste, undurchsichtige und gut verschlossene Papiertüte reicht vollkommen. Mit Inhalt und Datum beschriften. Höchstens 1 Jahr aufbewahren.

Fertigpräparate: Frischsaft, das ätherische Öl aus Thymian (Oleum Thymi), Makatussin®-Saft zuckerfrei (Roland).

Bezugsquelle: Apotheke, teilweise Reformhaus, biologischer Heilpflanzenanbau.

Homöopathische Arznei: Feldthymian – Thymus serpyllum (aus dem frischen blühenden Kraut ohne Wurzel).

Kräuterwiese: Einzig der Feldthymian kann auf trockenen, sandigen Weideflächen gedeihen. Sogar auf solchen Böden wird ihn das Frühjahrsgras bald überschatten.

Kräutermischung: Sehr empfehlenswert. Auch in einer längerfristigen Mischung ist der Echte Thymian für Pferde gut bekömmlich. Einer 1000-g-Mischung können Sie 80–100 g Thymian hinzufügen. Für die gezielte Heilanwendung verwenden Sie den Teeaufguß oder Saft und verzichten auf das Kräuterzufutter.

Echte Walnuß
Juglans regia
(Walnußgewächse)

Der 10–25 Meter hohe, edle Walnußbaum ist in Osteuropa zu Hause, wird aber bei uns seit geraumer Zeit angepflanzt und hat sich gut eingelebt. Seit eh und je wird dem Walnußbaum eine außergewöhnliche Ausstrahlung nachgesagt, da er Insekten vertreibt und andere Pflanzen in seiner Nähe nicht gedeihen. Von dieser Besonderheit wußten schon die alten Römer zu berichten, wobei sie die Walnüsse als »göttliche Speise« verehrten. Erst Kräuterbücher des 16. Jahrhunderts beschreiben die großartige Heilwirkung von Walnußblättern und Nußschalen. Auch die Tiermedizin gebrauchte die reichhaltigen Pflanzenteile dieser Baumart und verzeichnete sehr gute Heilerfolge.

Standort: Europa; liebt ein milderes Klima, eine sonnige Lage, tiefgründigen, kalkhaltigen Boden; häufig kultiviert.
Wichtigste Inhaltsstoffe: Blätter: Gerbstoffe, etwas ätherisches Öl, Flavonoide, Ascorbinsäure.
Blütezeit: Mai.
Fruchtreife: September
Erntezeit: Die Blätter im Juni.
Heilkräftige Pflanzenteile: Walnußblätter (Folia Juglandis).
Heilwirkung: Sommerekzem, Mauke; Durchfall; zur äußeren Behandlung von Verletzungen der Sehnen (als begleitende Therapie). Wirkt blutreinigend, adstringierend (zusammenziehend), entzündungshemmend, narbenbildend.
Wie anwenden: Frische oder getrocknete Blätter. Innerlich (als Bestandteil einer Heilkräutermischung oder Teeaufgußmischung). Äußerlich (Aufguß für Waschungen und Umschläge, bei Ekzembildung gerne in Gemeinschaft mit Eichenrinde).
Eigener Anbau: Da der Walnußbaum bis zu 30 Meter hoch wachsen kann, braucht er viel Platz. An den Boden stellt er wenig Ansprüche, nur liebt er eine geschützte, sonnige Lage. Als Düngung empfiehlt sich verrotteter Stallmist. Erst nach 12 bis 15 Jahren trägt er Walnüsse.
Trocknung: Befindet sich ein Walnußbaum in Ihrer Nähe, können Sie vielleicht bei sonnigem Wetter einige Blätter ernten. Sie werden vorsichtig abgetrennt und einzeln ausgelegt, sofort in der Sonne getrocknet.

Aufbewahrung: Undurchsichtige, feste Papiertüte oder verschließbare Pappschachtel. Mit Inhalt und Datum beschriften. Die Blätter sammelt man im Juni. Trocken lagern und nicht länger als 1 Jahr aufbewahren.
Bezugsquelle: Getrocknete, einwandfreie Nußbaumblätter bekommen Sie in der Apotheke oder im biologischen Heilpflanzenanbau (Bezugsquellen siehe Anhang).
Homöopathische Arznei: Junglans regia (aus den grünen Schalen der unreifen Nüsse).
Bachblüten: 33. Walnut; Juglans regia, Walnuß.
Kräutermischung: Als Bestandteil einer Kräutermischung (siehe Heilwirkung) sehr empfehlenswert, aber nicht dauerhaft zufüttern. Für eine 900-g-Mischung reicht die Beigabe von 80–100 g Nußbaumblätter.

Anmerkung: Aus den gelblichgrünen Blüten des Walnußbaumes, die an der Spitze von jungen Zweigen stehen, entwickeln sich Steinfrüchte mit grünen Hüllen und harten Steinkernen. Die tiefgefurchten, ölhaltigen Nüsse, die nach dem Öffnen der Schale sichtbar werden, sind die Walnußsamen.
Die fleischigen grünen Schalen, welche den Steinkern umhüllen, kann man auch zur äußeren Behandlung von Ekzemen, Prellungen, Zerrungen, selbst bei Hautpilzerkrankungen verwenden. Nur haben sie die Eigenschaft, Haut und Haare tiefbraun zu färben.

Zubereitungsformen

Die meisten der genannten Zubereitungsarten können Sie recht einfach herstellen und z. B. in einer Thermoskanne oder verschlossenen Flasche zum Stall transportieren. Der Teeaufguß oder Absud sollte täglich frisch zubereitet werden.
Zur äußerlichen Anwendung eignen sich Plastikflaschen mit Tülle, die es in fast jedem Baumarkt gibt. Außerdem erhalten Sie in Reitsport-Fachgeschäften Schwämme, die direkt mit einem kleinen Plastikbehälter verbunden sind. Ein ausgekochtes und dann luftdicht verpacktes Leinentuch sowie Mullkompressen, Verbandwatte, elastische Binden, eine Rolle Klebeband und – letztendlich – ein funktionstüchtiges Fieberthermometer sollten in keiner Stallapotheke fehlen.

Aufguß (Infus)
Hier gießen Sie kochendes Wasser über die pflanzlichen Bestandteile und lassen die Zubereitung, in einem geschlossenen Behälter 5–15 Minuten ziehen. Anschließend geben Sie den Teeaufguß durch ein feines Sieb. Besonders für die Behandlung von Reizzuständen der Augen oder Erkrankungen der Atemwege ist es notwendig, daß die Flüssigkeit abermals durch einen Papierfilter gegossen wird.
– Die gebräuchliche Rezeptur: 1 Teil zerkleinerte Pflanzenteile/10 Teile Wasser.

Zubereitungsformen

Absud (Dektot)
Die Pflanzenteile (häufig sind es Baumrinden, Wurzelstöcke und Wurzeln) werden in kaltes Wasser gegeben und, je nach Angabe, etwa 5–15 Minuten bei geschlossenem Deckel gekocht. Anschließend schütten Sie den Absud durch ein feines Sieb. Zur äußeren und inneren Anwendung sollte der Pflanzenabsud lauwarm bis kalt sein.

Kaltauszug/Wasser (Mazerat)
Für diese Zubereitungsart legt man die Pflanzenteile eine bestimmte Zeit in kaltes Wasser und läßt sie – bei geschlossenem Deckel – ziehen. Meistens genügt es, wenn man sie über Nacht oder ein bis zwei Tage ziehen läßt. Je nach Rezeptur wird der Auszug anschließend erwärmt, durch ein feines Sieb gegossen und lauwarm bis kalt angewendet.

Breiumschläge (Kataplasmen)
Breiumschläge sind vielleicht etwas zeitaufwendig, wirken aber sehr gut. Am besten nimmt man, je nach Angabe, das ganze frische Kraut, auch nur die Blätter, sowie häufig die Wurzelstöcke oder Wurzeln einer Pflanze. Die Pflanzenteile werden – eventuell mit dem Mixer oder der Petersilienmühle – zu einem Brei verarbeitet. Samen, wie etwa der Bockshornkleesamen oder Leinsamen, kocht man mit Wasser zu einem streichfähigen Brei. Breiumschläge können warm oder kalt auf die Haut kommen. Ist ein Verband angezeigt, so muß er gut gepolstert und luftdurchlässig angelegt werden.

- Für Umschläge eignet sich auch der Aufguß, Absud, Kaltwasserauszug, alkoholischer Auszug, die Tinktur, Salben, Auszugsöle.

Creme
Eine Creme ist eine fettige, halbflüssige Mischung, die durch Einreiben in die Haut eindringen kann. Es gibt verschiedene Herstellungsarten, wobei folgende recht einfach zuzubereiten ist: 150 g emulgierende Salbengrundlage (z. B. Eucerin ohne Wasser), 40 g Öl (z. B. Lebertran, Johanniskrautöl), 20 g Tinktur (z. B. Calendula, Beinwell, Salbei) und einige Tropfen Wein- oder Obstessig. Die Creme hält sich einige Monate, sollte aber in dunklen, verschlossenen Behältern an einem kühlen Ort aufbewahrt werden.

Aufgußöle
Aufgußöle kann man aus frischen oder getrockneten Kräutern gewinnen. Hierfür füllen Sie eine durchsichtige Flasche (Milchflaschen haben eine breite Öffnung) bis zum Rand voll Kräuter, übergießen kaltgepreßtes Oliven- oder Sonnenblumenöl und verschließen die Flasche gut. Der Ölaufguß sollte sechs Wochen an einem sonnigen Platz stehen oder – in der kalten Jahreszeit – in der Nähe einer Heizung. Anschließend schüttet man den Inhalt durch ein Baumwolltuch, läßt das Öl in einen Krug ablaufen und drückt die

Ölreste kräftig aus den eingeweichten Kräutern. Abgefüllt wird in dunkle, verschließbare Behälter. Ein Kräuter-Öl-Auszug kann bis zu einem Jahr haltbar sein.

Salbe
Die Salbe hat eine schützende, fettende Funktion. In eine Salbengrundlage können Sie heilsame Öle einarbeiten oder, auf andere Weise, auch die Salbengrundlage mit Kräutern zum Erhitzen bringen. Wollwachs ohne Wasser oder Vaseline eignet sich für beide Methoden. Für die fettig-ölige Salbe verwenden Sie 1 Teil Heilöl (z. B. Klettenwurzel, Nachtkerzenöl oder anteilig Lebertran) und 3 Teile Salbengrundlage. Das pure Wollwachs kann auch erhitzt werden und wenn es noch flüssig-warm ist (nicht heiß), geben Sie anstelle des Öles 1 Teil einer Pflanzentinktur hinzu. Abgefüllt wird in eine verschließbare, undurchsichtige Dose. Auch können Sie 500 g und 70 g Kräuter für zwei Stunden im Wasserbad erhitzen, durch ein leichtes Baumwolltuch geben, die fettige Flüssigkeit ablaufen lassen, Reste ausdrücken und in dunkle Behälter abfüllen.

Alkoholischer Auszug
Ähnlich wie bei Aufgußölen füllen Sie am besten eine Milchflasche bis zum Rand voll frischer oder getrockneter Kräuter, übergießen vollständig mit 30–40prozentigem Alkohol und verschließen sie fest. Der Ansatz muß an sonniger (z. B. Fensterbank) oder warmer (Heizung) Stelle drei bis vier Wochen ziehen. Dann wird er abgesiebt und in eine dunkle, verschließbare Flasche umgefüllt. Alkoholische Auszüge eignen sich vorwiegend für äußere Anwendungen und die Herstellung von Insektenspray.

Giftpflanzen

Die meisten Pflanzen lassen sich nicht einfach in giftige und nützliche unterteilen, denn viele Pflanzendrogen haben zwei Gesichter – sie sind Gift und Arznei. Nehmen wir beispielsweise den für Pferde sehr giftigen Roten Fingerhut (Digitalis). Schon 100–200 g seiner frischen Blätter wirken tödlich und doch ist Digitalis eine unentbehrliche Arznei zur Behandlung einer Herzmuskelschwäche. Hier gilt der von »Paracelsus« bekannte Grundsatz: »Die Dosis macht es, ob eine Substanz Gift oder Heilmittel ist«.

Obwohl zahlreiche Pferde die für sie giftigen Pflanzen instinktiv meiden, dürfen wir uns keinesfalls darauf verlassen, sondern sollten uns mit der Erkennung von Giftpflanzen vertraut machen und die Umgebung der Pferde genau inspizieren. Diese Maßnahme wäre gerade dann von Bedeutung, wenn man Pferden eine Weidefläche zur Verfügung stellt, die, für sie ungewohnt, eine längere Zeit stillgelegt war oder ehemals unter Naturschutz stand.

Außerdem muß die Umzäumung einen angemessenen Abstand zu den am Rande wachsenden Laub- und Nadelgehölzen haben. Neugierde, Langeweile oder/und spärliches Weidegras können unter anderem der Anlaß sein, daß Pferde auch die giftigen Pflanzen fressen.
Bereits bei den ersten Anzeichen einer Vergiftung ist tierärztliche Hilfe notwendig.

Adlerfarn (Pteridium aquilinum)
Standort: Größtes, in Nord- und Mitteleuropa häufigstes Farnkraut. Bevorzugt sandige Böden, auch auf Mager- und Waldwiesen, Laub- und Nadelwäldern.
Pflanzenteile: Farnblätter und Wurzelstock.
Wichtigste Inhaltsstoffe: Nicht ausreichend bekannt. Vermutlich die Leber schädigende Wirkstoffe.
Vergiftungserscheinungen: Nervosität, Unruhe, Mattigkeit, Störungen der Bewegungsabläufe, Zittern, blutig bis dunkel verfärbter Urin, wässrige bis blutige Durchfälle. Eine längerfristige, tägliche Aufnahme kann tödlich sein. Noch getrocknetes Farnkraut ist wirksam.
Homöopathische Arznei: Filix mas (aus frischen Wurzelstock des Wurmfarnes).

Eibe (Taxus baccata)
Standort: In lichten oder schattigen Wäldern; als Kulturpflanze in Gärten und Parkanlagen.
Pflanzenteile: Sehr giftig sind die frischen und trockenen Nadeln, Zweigspitzen und Beeren (Beerenreife – August).
Wichtigste Inhaltsstoffe: Die Eibennadeln enthalten ein tödlich wirkendes Gift – das Alkalod Taxin, sowie Milosin (Alkaloid), das Glycosid Taxicatin, Gallussäure.
Vergiftungserscheinungen. Muskelzittern, Kolik und Durchfälle, Bewegungsstörungen, bereits 100–200 g Nadeln (auch trockene) können tödlich sein.
Homöopathische Arznei: Taxus baccata (aus frischen Eibennadeln).

Buchsbaum (Buxus sempervierens)
Standort: Vor allem in lichten Eichenwäldern; häufige Garten und Parkpflanze.
Pflanzenteile: Giftig sind die Blätter und Rinde.
Wichtigste Inhaltsstoffe: Alkaloide.
Vergiftungserscheinungen: Erregungszustände, Kolik und Durchfall, etwa 750 g Blätter oder Rinde können tödlich sein. Nach der Aufnahme eines 10 cm langen Zweiges konnte bei einem empfindsamen Pferd hochgradige Nervosität beobachtet werden.

Herbstzeitlose
(Colchicum autumnale)
Standort: Auf Wiesen und Weiden.
Blütezeit: August, September, Oktober.
Pflanzenteile: Sehr giftig sind die Wurzelknolle, langgestielte, lila gefärbte Blüte und Samen.

Giftpflanzen

Wichtigste Wirkstoffe: Schnell wirkendes Alkaloid = Cholchicin. Bleibt im trockenen Zustand erhalten.

Vergiftungserscheinungen: Wenige Stunden nach der Aufnahme – heftige Koliken, übelriechende Durchfälle, Pulsbeschleunigung, starke Schweißausbrüche, Muskelkrämpfe, Lähmungen und Kreislaufversagen mit Todesfolge.

Homöopathische Arznei: Colchium (aus frischen Wurzelknollen).

Jakobskreuzkraut (Senecio jacobae) – auch Jakobs-Greiskraut genannt.
Wächst auf Wiesen und Weiden, Wegrändern, Brachland; 30–150 cm.
Blütezeit: Juli – September, sattgelbe Blüten.

Gemeines Greiskraut (Senecio vulgaris) wächst auf Magerweiden, auf Äckern, Schuttplätzen, in Gärten; 10–45 cm.
Blütezeit: Ganzjährig, kleine mattgelbe Blüten, weiße Haarkrone. Das frische blühende Kraut enthält Pyrrolizidin-Alkaloid und ist gerade für Pferde und Rinder gesundheitsschädlich. Kann eine narbig-bindegewebige Umwandlung auf Aufhebung der normalen Struktur der Leber bewirken.
Greiskraut ist auch trocken (z. B. im Heu) noch wirksam.
Vergiftungserscheinungen: Eine andauernde Aufnahme führt zu Abmagerung, Appetitlosigkeit, Mattigkeit, Durchfälle (auch blutig), dunkelverfärbter Urin, Bewegungsstörungen, Lähmungserscheinungen.

Homöopathische Arznei: Senecio aurens, naher Verwandter des Jacobs- und Gemeinen Greiskraut.

Pfaffenhütchen
(Evonymus europaea)
Standort: An Gebüschen, Randbewuchs von Weideflächen, in lichten Wäldern.
Blütezeit: Im Mai – Juni hellgrüne Blüten, dann bis zum Herbst mit roten Fruchtkapseln behängt.
Pflanzenteile: Alle Pflanzenteile sind für Pferde hochgiftig.
Wichtigste Wirkstoffe: Alkaloide, Gerbstoff, Bitterstoff, fettes Öl, organische Säuren.
Vergiftungserscheinungen: Koliken, blutiger Durchfall, auch dunkelverfärbter Urin, Kreislaufstörungen, Niederstürzen, Tod kann schnell eintreten. Ein Junghengst starb wenige Stunden nach der Aufnahme von Pfaffenhütchen. Es war nicht ersichtlich, wieviel er von dieser Pflanze gefressen hatte.
Homöopathische Arznei: Evonymus atropurpurea, gleiche Pflanzengattung (frische Rinde der Zweige und Wurzeln).

Roter Fingerhut (Digitalis pupurea)
Standort: Wächst an zahlreichen Plätzen, gerne auf sauren Böden, auch auf Weideflächen oder am Rande, selbst in Stallnähe.
Wichtigste Wirkstoffe: Verschiedene Digitalis-Glycoside, unterstützt durch Saponine und Schleimstoffe.

Pflanzenteile: Hochgiftig sind hauptsächlich die Blätter, die ihre Wirksamkeit im trockenen Zustand (z. B. im Heu) behalten.

Vergiftungserscheinungen: Puls verlangsamt, große Mattigkeit, Durchfälle, eventuell hellgefärbt, häufiges Absetzen von Harn, möglicherweise rot bis bräunlich verfärbt, annormal hohe und immer unregelmäßige werdende Pulsfrequenz – Herzversagen.

100–200 g frische Fingerhutblätter können ein Pferd töten.

Homöopathische Arznei: Digitalis pupurea (aus den frischen Blättern vor der Blütezeit).

Schierling (Conium maculatum)

Standort: Schierling wächst auf zahlreichen Plätzen. Da er ein naher Verwandter von der Gartenpetersilie, Hundspetersilie (giftig), dem Wiesenkerbel, Roßfenchel, Kümmel ist und diese Pflanzen leicht zu verwechseln sind, ernten Sie die heilsamen »Doldenblütler« nur aus eigenem Anbau.

Der Stengel ist gefurcht und gerade am unteren Teil braunrot gefleckt; er blüht weiß (Juli–August) Die zerriebenen, feingefiederten Blätter riechen unangenehm nach Mäuseharn. Die Blätter der Hundspetersilie riechen – beim Zerreiben – ähnlich wie Knoblauch.

Alle Pflanzenteile sind für die Pferde giftig. Hauptwirkstoff ist das Alkaloid Coniin.

Vergiftungserscheinungen: Große Mattigkeit, erweiterte Pupillen, Speichelfluß, Durchfälle, Taumeln, Muskelzittern, einsetzende Lähmungserscheinungen, Niederstürzen, der Tod tritt durch Atemlähmung ein.

Homöopathische Arznei: Conium (aus dem frischen blühenden Kraut).

HEIL- UND FUTTERPFLANZEN

Häufig verbreitete Heil- und Futterpflanzen

Es ist für die Pferdehalter gut zu wissen,
daß in ihrer Umgebung noch viele
Heil- und Futterpflanzen wachsen,
die bekömmlich und schmackhaft sind.

Die **Sonnenblume:** Die Blätter und Stiele der Sonnenblume sind gerade im Herbst ein reichhaltiges und schmackhaftes Zufutter.

Der auf Wiesen und Weiden zahlreich wachsende **Sauerampfer** hat unter anderem einen hohen Vitamin C-Gehalt und wirkt blutreinigend. Allerdings kann ein übermäßiger Genuß Durchfälle und nesselartige Hautausschläge verursachen.

Heil- und Futterpflanzen

Das **Echte Labkraut** ist eine gerngesehene Wiesen- und Weidenpflanze. Es enthält ätherisches Öl, organische Säuren, Fette und Vitamin C und hat eine blutreinigende, krampflösende und beruhigende Wirkung.

Die beruhigende Wirkungsweise von **Baldrian**, der an Gräben und auf staunassen Wiesen wächst, ist hinreichend bekannt.

Heil- und Futterpflanzen

Das **Kanadische Berufskraut** ist eine wildwuchernde Pflanze, die sich schnell ausbreitet und gerne auf mageren Wieden wächst. Sie wirkt entzündungshemmend, blutstillend und hilft bei leichtem Durchfall.

Die **Ruten-Melde** fressen manche Pferde sehr gerne. Dieses »Unkraut« enthält verschiedene Mineralstoffe, wirkt blutreinigend und steht in Beziehung von Leber und Niere.

Die **Vogel-Wicke,** die vielerorts auf Wiesen und Weiden gedeiht, beherbergt Spurenelemente und Vitamine.

Der **Gemeine Beifuß** kann besonders auf stickstoffreichen Böden große Gruppen bilden. Sehr häufig sieht man ihn auf und rundum Weideflächen. Er regelt die Verdauung, den Hormonhaushalt, wirkt krampflösend und ist für die Pferde recht bekömmlich.

Heil- und Futterpflanzen

Die **Wegwarte** (Cichorium intybus), die an Wegrändern und unkultivierten Plätzen wächst, gilt als bedeutsames Heilkraut. Sie enthält unter anderem Mineralsalze, die Vitamine B, C; wirkt blutreinigend, harntreibend, appetitanregend und steht in Beziehung zur Leber. Obwohl ihre oberirdischen Pflanzenteile eher bitter schmecken, ergeben sie doch ein gutes Grünzufutter. Bachblüte Chicory.

Bambus ist offensichtlich eine leckere und zudem sehr gesunde Futterergänzung. Er wächst auch heute noch in vielen Gärten und wird im Frühjahr oder Herbst häufig zurückgeschnitten. Diese Triebe können Sie jederzeit verfüttern.

Bezugsquellen

Heilpflanzen und Saatgut
Biologischer Heilpflanzenanbau
Blauetikett Bornträger GmbH
D-67591 Offstein
(auch per Versand)

Vertrieb von Wildpflanzensamen
Dieter Köhler
Leonardstraße 28
D-83104 Tuntenhausen
(auch per Versand)

re-natur Staudenkulturen
Plöner Straße 10
D-24619 Bornhöved

Kräuterzauber
Daniel Rühlemann
Am Himpberg 32
D-27367 Stuckenborstel

**Ätherische Öle,
natürliche Pflegemittel**
La Florina KG
Lanzenhainer Straße 5
D-36369 Lautertal
(per Versand, Deutschland, Österreich, Schweiz)

Für Österreich
Verein Freunde der Heilkräuter
Paracelcus-Haus
A-3822 Karlstein
(per Freiumschlag erhalten Sie Adressen von Kräuter-Gärtnereien)

Für die Schweiz
Biologisch-dynamisches Saatgut
Gärtnerei Ekkarthof
CH-8574 Lengwil
Fax: 0 71 / 6 86 66 56

Bio-Samen
Jossi Jutzet/A. Jutzet
Ch-Chambrelien
Tel.: 0 38 / 45 10 58

Biologische Samen
C. und R. Zollinger
CH-1891 Les Evouettes
Tel.: 0 24 / 4 81 40 35

Adressen von Ärzten für Naturheilkunde
Zentralverband der Ärzte für Naturheilverfahren e. V.
Alfredstraße 21
D-72250 Freudenstadt
– Gegen eine Gebühr von 5 DM bekommen Sie ein Adressenverzeichnis von Tierärzten für Naturheilverfahren.

BEZUGSQUELLEN

Adressen von Tierheilpraktikern
Kooperation der Tierheilpraktiker-
verbände (Herrn B. Mayer)
Kirchgasse 7
D-74582 Gerabronn
(per Freiumschlag bekommen Sie
Adressen von Tierheilpraktikern)

Auskünfte erhalten Sie auch beim
Verband freier Tierheilpraktiker
Frau J. Schröter
Tel: D-0 47 64 / 12 42
Fax: 0 47 64 / 13 48

Ansprechpartnerin für die Schweiz:
Frau U. Tomasini
Tel.: CH-0 56 / 6 21 03 31
Fax: 0 56 / 6 21 03 39

**Info-Zentrum für Bach-Blüten-
therapie** und andere natürliche
Heilweisen für Mensch und Tier
Am Sendelbach 1–3
D-95445 Bayreuth

Literaturverzeichnis

Dr. E. Bach Centre
Swiss Office
Alte Landstraße 57
CH-8700 Küsnacht

BRECHMANN, DR. H.
Praktischer Hausschatz für Heilkunde, PMV Giessen.

CONSILIUM CEDIP
Naturheilweisen, Cedip GmbH.

EDELMANN, RENATE
Mit Bach-Blüten unsere Haustiere heilen, Verlag Ansata.

GESSING, DR. H.
Allergie Stop, Verlag Herbig.

GRONE, VON JUTTA
Die Pferdeweide, Müller Rüschlikon

HANISCH, DR. G./STOLZE, DR. H.
Bewährte Pflanzendrogen in Wissenschaft und Medizin, Verlag notamed.

HENGLEIN, MARTIN
Die heilende Kraft der Wohlgerüche und Essenzen; Verlag Orbis

HUTYRA, DR. F./MAREK, DR. J./MANNINGER, DR. R.
Spezielle Pathologie u. Therapie der Haustiere, Verlag G. Fischer, Jena.

LAUNER, DR. P./ MILL, DR. J./ RICHTER, DR. W.
Krankheiten der Reitpferde, Verlag Ulmer u. Deutscher Landwirtschaftsverlag.

MADAUS, DR. G.
Lehrbuch der Biologischen Heilmittel, Nachdruck Verlag mediamed.

METZGER, DR. J.
Gesichtete Homöopathische Arzneimittellehre, Haug Verlag.

PRÄPARATE-LISTE
Präparate-Liste der Naturheilkunde, Verlag Urban & Schwarzenberg.

READER'S DIGEST S.A. PARIS
Geheimnisse und Heilkräfte der Pflanzen, Verlag Das Beste/ Reader's Digest.

STAUFFER, DR. K.
Homöopathie, Verlag J. Sonntag.

ROLOFF, DR. F./ MÜLLER, C.
Mitteilungen aus der tierärztlichen Praxis, Verlag Hirschwald (1869).

WEIß, PROF. DR. R. F.
Lehrbuch der Phytotherapie, Verlag Hippokrates.

WILLFORT, R.
Gesundheit durch Heilkräuter, Verlag Trauner.

WINTZER, PROF. DR. H. J.
Krankheiten des Pferdes, Verlag Parey.

Sanfte Heilmethoden für kranke Pferde

Edward C. Straiton
Pferdekrankheiten
Erkennen und Behandeln allgemeiner Pferdekrankheiten und besonderer Verletzungen, Tips zu Stallhaltung, Fütterung und Zucht.

John Hickman
Der richtige Hufbeschlag
Geschichte des Hufbeschlags, Anatomie und Physiologie des Hufs, Werkzeuge, verschiedene Hufeisentypen, Methoden des Hufbeschlags und der Hufpflege.

Colin J. Vogel
Mein Pferd ist krank. Was tun?
Die wichtigsten Erkrankungen selbst erkennen und behandeln; Sofortmaßnahmen im Notfall, Inanspruchnahme tierärztlicher Hilfe.

Meredith L. Snader/Sharon L. Willoughby/ Deva Kaur Khalsa
Pferde natürlich behandeln und heilen
Ganzheitstherapien bei Pferdekrankheiten: alternative Methoden, die auf einer schonenden Behandlung des Pferdes basieren und die Selbstheilungskräfte des Körpers aktivieren.

Gerd Emich
Naturheilkunde Pferdekrankheiten
Band 1: Bewährte Behandlungsmethoden
Band 2: Erkrankungen der Atmungsorgane
Therapieplan mit 130 homöopathischen Heilmitteln
Biologische Ganzheitstherapie mit Krankheitsbildern und Therapievorschlägen – anschaulich beschrieben und illustriert.

Im BLV Verlag finden Sie Bücher zu folgenden Themen: Garten und Zimmerpflanzen • Wohnen und Gestalten • Natur • Heimtiere • Jagd • Angeln • Pferde und Reiten • Sport und Fitneß • Tauchen • Reise • Wandern, Alpinismus, Abenteuer • Essen und Trinken • Gesundheit und Wohlbefinden

 *Wenn Sie ausführliche Informationen wünschen, schreiben Sie bitte an:*
BLV Verlagsgesellschaft mbH • Postfach 40 03 20 • 80703 München
Telefon 089/12705-0 • Telefax 089/12705-543

Den Ausritt genießen

Renate Ettl
Reiten in der freien Natur
Den Ausritt genießen: Vorbereitung auf Schwierigkeiten, die im Gelände vorkommen können, Tips zur Pferdeausbildung und zur Überwindung alltäglicher Hindernisse und Gefahrenstellen.

Britta Bergström
So sitzt du fest im Sattel
Ideal als Ergänzung zum Reitunterricht – Schritt für Schritt pädagogisch ausgewogen vermittelt: alles, was für Anfänger wichtig ist, über Ausrüstung, Pferdeverhalten und -pflege, Ausbildung, Dressur- und Springreiten.

Kerstin Diacont
Das Westernpferd
Der Westernreiter
Einfühlsame, verhaltensgerechte und folgerichtige Ausbildung des Pferdes; westernspezifische Minimalhilfengebung, Sitz und Einwirkung des Reiters in den Grundgangarten; Verstehen der natürlichen Verhaltensweisen und Reaktionen des Pferdes.

Gerhard Kapitzke
Du und Dein Pferd
Für den jugendlichen Reitanfänger: komprimierte Information über Verhalten, Wesen und Bedürfnisse des Pferdes, über Haltung, Pflege, Fütterung und erste Reitausbildung.

Birgit Neuhaus
Das Freizeitpferd
Der Freizeitreiter
Rassen, Haltung, Ausrüstung, Ausbildung Praktische Einführung in die Ausbildung des Reiters sowie über Kauf, Unterbringung, Fütterung und Pflege des Pferdes; Ausrüstungsfragen, Reitweisen, die Arbeit des Pferdes an der Hand sowie organisatorische Tips.

Selma Brandl
Harmonie im Sattel
Die moderne Reitlehre: der richtige Umgang mit dem Pferd, seine artgerechte Haltung, die Ausbildung von Pferd und Reiter in allen Reitweisen – mit vielen Abbildungen, die die Faszination der Pferde und des Reitsports eindrucksvoll vermitteln.

Selma Brandl / Marlene Baum
Richtig Reiten
Umgang mit Pferden, Reitstall, Ausrüstung von Pferd und Reiter, Reiten im Gelände und im Verkehr, Pferdekrankheiten.